CORAZÓN de CAMPEÓN

CORAZÓN de CAMPEÓN

▼

JUAN VEREECKEN

GRUPO NELSON
Una división de Thomas Nelson Publishers
Juntos inspiramos al mundo

www.gruponelson.com

Editorial Betania es una división de Grupo Nelson
© **2006 Grupo Nelson**
Una división de Thomas Nelson, Inc.
Nashville, TN, Estados Unidos de América

www.gruponelson.com

A menos que se indique lo contrario, todos los textos
bíblicos han sido tomados de la versión Reina-Valera,
de la Santa Biblia, revisión 1960.
Usado con permiso.

Diseño interior: Robert W. Otero

ISBN 0-88113-026-5

Impreso en Estados Unidos de América

DEDICATORIA

Dedico este libro a los 275 millones de jóvenes
que hay en Latinoamérica. Dios tiene un gran futuro para
cada uno de ustedes. Su deseo es que tengan
éxito en todas las áreas de su vida y
que lleguen a su destino.

Ante nosotros está nuestra generación y
un gran reto junto con ella, porque tenemos en
nuestras manos la posibilidad de cambiar la historia
del planeta Tierra. Es mi deseo que nosotros nos levantemos
a cambiar el destino de nuestra
generación, porque estoy convencido
de que esta generación presente,
será como ninguna otra.

PRÓLOGO DEL
DR. JOHN C. MAXWELL

Qué deleite es para mí poder recomendarle el libro *Corazón de Campeón*.

Corazón de Campeón ha sido escrito para jóvenes, sin embargo, yo creo que los principios presentados en él, son claves en la vida de cualquier persona que anhela ser un líder eficaz en esta generación.

A través de las experiencias, las victorias y aún los errores de un joven llamado David, Juan nos ayuda a aterrizar en los puntos cruciales para llegar a ser líderes campeones. Si su corazón es como el mío, y quiere crecer para ser el mejor líder que usted pueda llegar a ser, e impactar tantas vidas como le sea posible, este libro es una excelente herramienta que le ayudará a lograrlo.

JOHN C. MAXWELL
Fundador - INJOY Stewardship Services and EQUIP

PRÓLOGO DE
MARCOS WITT

Con gran entusiasmo quiero presentarle el libro *Corazón de Campeón*. Este proyecto combina un material bastante profundo con un estilo suficientemente ligero como para poder entenderlo y digerirlo. Las lecciones que aprendemos en este libro, puestas en práctica, ayudarán a cualquier joven a alcanzar su máximo potencial en la vida y ser ese campeón que Dios le ha destinado a ser.

En estos tiempos, se vuelve cada vez más difícil que esta generación crea que es campeona y que puede cumplir su destino en la vida. Es por eso que, cuando leí por primera vez este material, le di gracias a Dios porque existía algo práctico que ayude a cumplir con ese propósito.

Juan y yo hemos trabajado juntos por años y doy fe que los principios que él extrae de la vida del joven David presentados en este libro, son los mismos que él vive. Muchas de las experiencias que él cuenta en este libro parecen fantasías locas y extravagantes pero son una parte importante de la vida que este gran hombre de Dios ha llevado por muchos años. De hecho, creo que algunas de las peculiaridades que tienen los grandes hombres es que son atrevidos, intrépidos, llenos de aventura y atrevimiento. Juan Vereecken es un vivo ejemplo de esas características y nos las comparte en este libro de manera entusiasta y efectiva.

Estoy seguro que al terminar este libro y poner en práctica estos consejos y principios en su propia vida llegará a ser el campeón que Dios ha diseñado que usted sea. Lo felicito por leerlo.

MARCOS WITT

CONTENIDO

NOTA DEL AUTOR

Este material se escribió pensando en los jóvenes, sin embargo estos principios te ayudarán sin importar la edad que tengas, así que ¡aplícalo a tu vida! Mi deseo no es que sólo te sirva a ti, sino que también lo impartas a otras personas, a grupos de jóvenes, a tu empresa, a tu escuela. Creo que no vale la pena recibirlo si no lo das a alguien más. Piensa, "cómo puedo ayudar a otros, cómo ayudar a la juventud." Si tú tienes cuarenta años, a lo mejor hay personas de quince, veinte años alrededor de ti, que van a necesitar que creas en ellos, que les eches porras, porque de seguro se van a equivocar. Yo veo una juventud con miedo de cometer errores, porque muchas veces al hacerlo, su liderazgo le regaña fuertemente, le dice, "¿por qué tú?", "siéntate", "¿cómo te atreves?", cuando lo que necesitamos hacer es echarles porras y animarlos. Hoy en día debemos cambiar nuestra mentalidad en cuanto a la juventud.

Escribí este libro porque tengo en mi corazón un fuerte deseo por contribuir a desarrollar el gran potencial que tienen los jóvenes de Latinoamérica.

Hay más de 275 millones de jóvenes latinos de 25 años y menores que están en las calles, en las universidades, en nuestras iglesias, buscando trabajo en las diferentes empresas y corporaciones, y este material es para ayudarles a alcanzar su máximo potencial en la vida.

¿Qué tal si tuviéramos 275 millones de jóvenes con una pasión, y un anhelo por cambiar su generación, por cambiar su mundo? ¡Sin duda lo harían!

Le pedí a Marcos que él hablara de dos de los principios que vamos a estudiar porque él es uno de los hombres que Dios ha traído a mi vida para edificarla. Y sé que no hubiera escrito este libro sin la influencia enriquecedora de su liderazgo. Aunque no soy mucho más joven, tiene mucha más experiencia que yo, y compartimos una pasión por la juventud y por motivar al liderazgo. Él ha sembrado en mi vida, me ha ayudado y ha creído en mí. Yo le tengo un aprecio muy grande y tanto él como su esposa han sido una gran bendición para nuestras vidas; para mí es un honor compartir este proyecto con él, y darlo a los jóvenes.

Nos toca a nosotros, como líderes, poner al alcance de ellos los principios que les ayudarán a lograr el cambio. Creemos que este material será de gran bendición para ti y para las personas con las que lo compartas.

JUAN VEREECKEN

Introducción

A lo largo de mi vida he tenido muy buenos líderes, pero puedo pensar en dos personas muy especiales para mí. La verdad es que yo no estaría escribiendo este libro si no fuera por ellos, y por eso me doy cuenta qué tan importante es que un joven tenga buenos líderes, que pueda experimentar en la vida y empiece a probar sus alas. Que pueda cometer errores y tal vez tomar malas decisiones, y aún así, que sus líderes sigan creyendo en él.

Yo confieso que he cometido muchos errores en mi vida, especialmente al principio de mi ministerio. Mi esposa y yo tenemos más de veinte años viviendo en México, y cuando llegamos no sabía ni hablar español y a pesar de que no sabía gran cosa, los líderes que tenía en mi vida me ayudaron a creer que yo podía hacer algo que nunca antes había hecho y me tuvieron paciencia.

Uno de ellos fue un hombre que salió a México de misionero, realmente nunca estuve directamente bajo su liderazgo, es decir, sentado escuchándole, pero era un líder en mi vida que siempre estuvo animándome y cuando yo le contaba problemas y retos que enfrentaba, él me decía, "no te preocupes Juan, dale duro",

"no permitas que tus errores te distraigan, mantente enfocado".
Siempre estuvo animándome.

El otro líder que impactó mi vida, fue un indígena de la sierra
de México. Él no tenía educación, cursó hasta el segundo año de
primaria, ni nada que lo destacara, era chaparrito, gordito, calvo
y sin dientes, él tenía sesenta y nueve años cuando lo conocí.

Estos dos hombres influenciaron mi vida grandemente porque tenían una actitud en cuanto a mi persona diferente a la que
vemos muchas veces, tenían una actitud positiva, de afirmación.

Mi esposa y yo llegamos a México cuando yo tenía veinte
años, teníamos un año de casados, nos graduamos de una escuela, nos montamos en un carrito chiquito y nos fuimos rumbo a
Guadalajara para estudiar el español, y de allí, a la sierra de México para estar con la gente. Así que yo tenía veinte, era recién casado y estaba loco. Yo inventaba ideas, e inventaba ideas; y eso es lo
que hacía, inventar ideas locas.

Mi papá es holandés, y mi mamá es libanesa. Los holandeses
tienen fama de ser tacaños y esa es la escuela que yo recibí de mi
papá. Desde que era chiquito él me decía… "tienes que ahorrar",
"guarda para eso", "no desperdicies en aquello". Mi papá creció
en la época de "la gran depresión" de los Estados Unidos y nunca
tenía certeza de cuándo ya no iba a haber y por eso me decía…
"nunca se sabe cuándo no se va a tener nada" y yo crecí así.

Así que al llegar a México era un joven loco, en un país nuevo,
ni siquiera hablaba el idioma y con una "doctrina de no gastar,
guardar y cuidar" el dinero. Entonces yo hacía muchas cosas
para ahorrar y por eso me metía en muchos problemas.

¿SEGURO? ¿PARA QUÉ?

El primer año que salimos, parecía que me subía al carro solamente para chocar cada vez, y por querer ahorrar dinero no

compraba seguro. Un día íbamos mi esposa y yo por la calle y de repente se atravesó un carro y yo le pegué. La cabeza de mi esposa golpeó contra el parabrisas, ella estaba cargando a nuestra primera bebé; llegó la ambulancia y después de revisarlas supimos que todos estábamos bien, pero el carro estaba desbaratado. Mi pastor me preguntó, "Juan, ¿está asegurado?", "no" le respondí, "yo estaba creyéndole a Dios que me protegería", él me dijo, "¿cómo es posible?". Bueno, pues me ayudaron y arreglé mi carro. Tiempo después, en uno de nuestros viajes, al pasar por la frontera para entrar a México, yo sentí que debía comprar un seguro, pero quería ahorrar ese dinero y deseché la idea pensando, "Dios está conmigo y Él me ayudará", y ¿qué crees? volví a chocar. Al hablar por teléfono con mi pastor, él me dijo "lo bueno es que está asegurado" y cuando le dije que no, me dijo, "Juan, ¿cómo es posible?". "Bueno, te vamos a ayudar, pero compra un seguro por favor".

En otra ocasión, íbamos mi esposa Karla y yo viajando por carretera. Había una gran tormenta con muchos relámpagos. Yo siempre me había preguntado, ¿cómo se sentirá que te pegue un relámpago?". Siempre me ha gustado ver la luz, los toques eléctricos y todo eso. Iba pensando en eso, cuando de repente vimos una intensa luz y un golpe que parecía una explosión muy fuerte sacudió la camioneta, finalmente la pude controlar y me estacioné. Me bajé y me di cuenta que nos había pegado un rayo y la descarga eléctrica hizo que el cableado de la camioneta se derritiera. Nuevamente la pregunta "Juan, ¿lo tienes asegurado?"

¡Nunca pensé que me cayera un rayo! Lo bueno en este caso fue que como la causa del percance había sido un rayo, la agencia de autos autorizó que el arreglo de la camioneta fuera por su cuenta. De manera, que ahora, no sólo mis líderes pagaban mis errores, ¡sino también la agencia!

Realmente esa era una atadura en mi vida, de la que ahora ya soy libre.

¿OTRA VEZ?

En otra ocasión que atravesamos la frontera, seguramente los ángeles del cielo con banderas gritaban "¡seguro!" "¡seguro!", pero para no romper mi regla, tampoco lo compré esa vez. Días después, salimos de Ixmiquilpan, Hidalgo, que era el lugar donde vivíamos. En el asiento trasero de la camioneta estaban Venancio mi mentor, y otros dos hombres. Adelante íbamos mi hermana menor y yo. Ella se acababa de graduar del bachillerato y mis papás como premio le dieron un viaje para visitarme. Atravesando la sierra, de repente en una curva nos salió un camión con 37 toneladas de maíz invadiendo nuestro carril. No pude evitar chocar contra él y nos arrastró ocho metros. Durante el impacto yo me detuve y alcancé a sostener a Venancio porque iba atrás de mí. Al detenernos me di cuenta que estuvimos cerca de caer a un barranco. Mi hermana gritaba como loca porque se había lastimado y los otros hombres también estaban heridos, uno sangrando y el otro estaba noqueado y Venancio empezó a ¡echar fuera demonios y a levantar muertos!, pero en medio de todo eso yo no podía dejar de pensar "no tengo seguro, ahora sí, mis líderes me van a cortar el cuello".

Mis pensamientos fueron interrumpidos por los gritos de mi hermana, ella no hablaba nada de español y sólo gritaba que estaba muy mal, que odiaba México y que ya quería regresar a su casa con mis papás. Afortunadamente, sólo yo entendía lo que decía. Mientras tanto, los choferes del camión huyeron al monte, y yo estuve tentado a ir tras ellos para que pagaran el daño. Sin embargo, al ver a mi hermana, me di cuenta que necesitaba hacer algo por ella.

Minutos después, se detuvo una camioneta y muy amablemente el chofer ofreció llevarnos al pueblo más cercano, pero nos dijo, "sólo que tendrán que irse atrás, porque adelante no hay lugar". Al quitar una lona que cubría la caja, nos dimos cuenta que la camioneta iba cargada con chivos, así que nos sentamos sobre la llanta de refacción en medio de ellos. Mi hermana gritaba cada vez más fuerte, yo la consolaba, pero conforme lloraba más fuerte, los chivos se acercaban más y más a nosotros, hasta que los teníamos cara a cara porque el chillar de mi hermana sonaba como sus balidos, y parecía que estaba hablando su idioma. Sin embargo, todo ese tiempo no podía dejar de pensar "...ahora sí me van a matar mis líderes, me van a regresar de México..."

¿Quién necesita un médico?

Finalmente llegamos a una clínica, mi hermana se recostó esperando que la atendieran. Después que una enfermera le tomó una radiografía, habló conmigo, y me dijo que se había zafado la unión entre el hueso de la pierna y la cadera, y que había que trasladarla a una clínica en otro pueblo porque allí no había un doctor que la atendiera. En ese momento yo sólo pensé en lo que me iba a costar el traslado y la atención de un especialista, entonces yo le dije a la enfermera, "No, es mejor que yo la arregle aquí", ella me dijo, "pero cómo, usted no es doctor, no se puede", yo insistí y le dije "para qué tanto problema, si el hueso está zafado, yo se lo vuelvo a acomodar, sólo duérmanla y yo me encargo". Ella finalmente accedió y firmé una autorización para hacerlo. Hablé con mi hermana antes de que la durmieran y le dije, "no te preocupes Chris, aquí estás en buenas manos, te van a atender muy bien, yo voy a estar contigo". "¿De veras Juan?", "sí, sí, tranquila", le respondí "todo va a estar bien". Ya que la anestesia hizo su efecto, las dos enfermeras la detuvieron de los hombros y yo tomé el hueso de la pierna, pensando: *Dios mío, ayúdame y lo* moví hacia abajo para acomodarlo y después de moverlo un poco, de repente sentí que ya se había acomodado, fue como poner una pieza en su lugar exacto. ¡Embonó perfectamente! Yo estaba emocionado, ¡no sabía que tenía ese tipo de dones! Entonces dije, "bueno, ya está la pierna, ahora le atiendo el ojo", porque uno de ellos estaba sangrando cerca de la ceja, así que le pedí a la enfermera algo que me sirviera para tallarla un poco para que le sangrara bien y así pudiera cicatrizar más pronto, porque yo había oído que eso hacían con ese tipo de heridas. Así que le tallé suavemente con un pedacito de lija, y al sangrar la limpié y le pedí a la enfermera que le pusiera un parche y... ¡listo! ¡Mi hermana estaba como nueva! ¡Hasta me daban ganas de cobrar honorarios a la clínica!

Si te preguntas qué pasó con mi hermana puedo decirte que la operación que yo le hice ¡le duró dieciocho años! Recientemente tuvieron que volverla a operar, pero está muy bien, y ¿su ojo? también; aunque ha tenido que inventar nuevos peinados que le cubran un poco la ceja, pero según yo, está excelente.

Cuando confesé a mis líderes que no tenía seguro, ellos me ayudaron a conseguir otro carro y me dijeron ¡síguele Juan!

Yo estaba creciendo y madurando en un ambiente de afirmación. Era joven, tenía una situación con el dinero, era necio, pero dentro de mí había una actitud de ¡Vamos a conquistar el mundo! Y mis líderes no me la apagaron, no me dijeron "No Juan, ya siéntate, ya son demasiados errores". Al contrario, ellos seguían echándome porras. Claro, yo tenía que hacerme responsable por mis errores, y desgraciadamente mi linda esposa tuvo que pagar muchas de las consecuencias.

Mis líderes me ayudaron a creer que yo también podía ser usado por Dios, y que a pesar de mis errores y mis faltas yo podría hacer algo en la vida.

El liderazgo es sumamente importante y nosotros necesitamos crear un liderazgo que afirme, debemos ser los mejores porristas de la gente, sus mejores animadores, debemos decirles: "¡Vuela! Yo te ayudo" y no estar esperando que se equivoquen para reprenderlas.

Yo quiero animarte a tomar el compromiso de estar al lado de un joven y ayudarle, aun si eres un joven tú mismo. A lo mejor puede ser un amigo, o tu propio hijo, o tal vez Dios pone frente a ti un grupo grande donde hay otros jóvenes que pudieras ayudar; pero por favor, tengamos una mentalidad de afirmación, hay que dejarles fallar, seguramente van a cometer sus errores, pero aún así, hay que seguir creyendo en ellos.

Diseñado para ser campeón

Estoy convencido que Dios nos diseñó a cada uno para ser campeones. Él no se equivoca, no hace basura, somos campeones a sus ojos, el problema es que muchas veces no lo entendemos y no sabemos cómo lograr que eso sea una realidad. Tal vez tú lo crees y dices, "de acuerdo, Dios me diseñó para ser campeón, pero ¿cómo le hago? ¿Cuáles son las cosas que debo hacer? Eso es lo que vamos a ver en este libro, vamos a enfocarnos en siete principios que fueron claves en la vida del joven David.

David no nació "sintiéndose" un líder, es más, él mismo describe su formación y nacimiento así...

"en maldad he sido formado, y en pecado me concibió mi madre." (Salmo 51:5)

¡Esto no suena como un buen comienzo! Algunos estudiosos creen que David fue el resultado de una relación adúltera de su papá. Nunca oímos de su madre. No sabemos realmente si vivía con la familia o se ausentaba por alguna razón. Podemos ver en las actitudes de sus hermanos y de su padre que ellos enfrentaban una situación difícil. Probablemente el papá de David recordaba con frecuencia su error cuando lo veía, me atrevo a pensarlo porque tenía una actitud negativa hacia él.

La realidad es que su familia no era conocida ni respetada en la ciudad. Sabemos que David nació en Belén, un pueblo a la sombra de las montañas situado al sur de Jerusalén, un lugar de poca importancia en aquel entonces. Su niñez y adolescencia no fueron nada especiales, tampoco tenía una presencia física fuera de lo normal. Cuando Dios escogió a David, tuvo que decirle al profeta Samuel que no se fijara en su apariencia, ni en su estatura. Se dice que no era muy alto, de cabello rubio, tenía ojos hermosos y era de buen parecer, algo bastante común en su cultura. Aparentemente David no tenía una educación muy avanzada, tal vez sólo había tenido unos seis o siete años de formación. Cuando lo vemos entre los catorce y quince años, estaba trabajando de tiempo completo en la granja de su papá, cuidando a los animales. En ese entonces, no mostraba señales de grandeza como el líder que llegaría a ser.

David, como tú y como yo, no nació en una familia perfecta, sino en una completamente ordinaria, con sus propios problemas que seguramente le marcaron.

¿QUÉ PASÓ CON DAVID?

¿Fue simplemente algo sobrenatural o tal vez algo mágico lo que produjo todo lo que él llegaría a ser? ¡No! ¡No fue así! **Fueron sus decisiones, sus actitudes y la manera en la que él respondió a Dios lo que hizo la diferencia.** Todos los días, tú y yo tomamos decisiones que nos acercan o nos alejan de nuestro propósito, así que, lo que yo logre en mi vida tiene todo que ver con mis decisiones, mis actitudes y la manera como le respondo a Dios.

En el desarrollo de un líder hay dos partes. La primera es la parte de Dios, que es fácil de entender porque Él nunca cambia. Él dice:

"...yo sé los pensamientos que tengo de ti, son de paz y de bien, no de mal, pensamientos para darte un futuro maravilloso con todo lo que podrías esperar". (Jeremías 29:11)

Dios tiene un futuro maravilloso para ti, pero depende de cómo le respondes si vas a llegar a él o no, tienes que tener la actitud correcta para poder lograrlo. Dios dice:

"Te he hecho para vencer en todo". (Romanos 8:37)

Él siempre desea llevarnos al triunfo, es claro que su deseo es que cada uno de nosotros seamos CAMPEONES en la vida.

La segunda parte es la respuesta de cada persona ante el deseo de Él. Cada persona decide por su propia cuenta llegar a ser ese CAMPEÓN que Dios desea, o ser otra cosa, todo se basa en su respuesta a Dios.

En algún momento de su temprana vida David tuvo un encuentro con Dios y decidió responderle. Abrió su corazón y su vida a Él. Ese día fue la clave en su vida, fue cuando inició el camino que lo llevaría a ser un líder CAMPEÓN.

A pesar de los aspectos negativos y de los obstáculos que había en su vida, Dios encontró en David un corazón conforme al suyo, aunque sólo tenía catorce o quince años. Después de eso, incluso a su corta edad, la gente lo observaba y decía de él:

"...sabe tocar, y es valiente y vigoroso y hombre de guerra, prudente en sus palabras, y hermoso, y Jehová está con él."
(1 Samuel 16:18)

Como en los tiempos de David, hoy en día Dios está buscando personas que tomen las decisiones correctas, que tengan actitudes correctas, y que respondan a Él. ¿Serás tú esa persona? La decisión está en tus manos. No importan las circunstancias que rodean tu vida. Tú puedes llegar a ser todo lo que Dios planeó para ti. ¿Comenzarás el camino que te llevará a ser un LÍDER CAMPEÓN?

Principio del comienzo

"Ser un líder comienza con el entendimiento de tu propia identidad, no con alcanzar alguna posición o algún título."

Este principio es sumamente importante. Es la base y el cimiento sobre lo que camina todo lo demás. Yo creo que la gran mayoría de las fallas y los problemas que tenemos en el liderazgo tienen sus raíces en esto. Tenemos un liderazgo inmaduro e inseguro; no sabemos quiénes somos y por lo tanto tenemos que gobernar, manipular y controlar a otras personas para no sentirnos amenazados.

Joven, escucha bien, el comienzo de tu liderazgo es entender quién eres y estar cómodo con ello. Eso no significa que ya no te vas a esforzar en crecer, sino que entiendes y aceptas quién eres. ¿Sabes por qué hoy en día no encontramos a muchos jóvenes de quince, dieciséis, o diecisiete años siendo líderes? Porque no saben quiénes son. Muchas personas hasta viven toda su vida sin darse cuenta de quiénes son realmente, y yo quiero cambiar eso. Tengo una pasión en mi corazón por ayudar a cambiar la manera en la que el joven se ve a sí mismo. Yo quiero que cada joven se vea a la luz de lo que Dios dice.

David nació dentro de una familia insignificante: había competencia entre sus hermanos, e, incluso, fue menospreciado por ellos y también por su papá. Es fácil imaginarnos los pleitos y las contiendas que esto ocasionaba. David seguramente fue marcado en su niñez por estas situaciones, sin embargo cuando se presentó en la escena vemos a un muchacho con una imagen propia sana, con una identidad de ganador y con una actitud imparable. David había tenido un encuentro con Dios, y en ese encuentro él optó por identificarse con la persona y el plan original de su Creador, en vez de permitir ser marcado como víctima y producto de sus circunstancias. ¡Hoy en día vivimos en un mundo lleno de personas que actúan como víctimas y que viven como un simple producto de sus circunstancias! Muchas veces no alcanzamos nuestro potencial por estar conectados con situaciones de nuestra vida pasada que nos marcaron, o por nuestros propios errores, y nuestra imagen propia queda ligada a esas circunstancias. Sin embargo, yo quiero decirte hoy ¡anímate!, porque en este tiempo... ¡Dios quiere hacer algo especial en ti!

Las etapas en la vida de David que le llevaron a ser un líder:

1. La necesidad de <u>UNA NUEVA IMAGEN.</u>

Los hermanos de David obviamente lo despreciaban. Esto lo vemos en la forma en que su hermano mayor, Eliab, lo recibió cuando llegó para saber cómo estaban en el campo de batalla. Lo humilló diciéndole:

> *"...¿para qué has descendido acá? ¿Y a quién has dejado aquellas pocas ovejas en el desierto? Yo conozco tu soberbia y la malicia de tu corazón..."* (1 Samuel 17:28)

Para su familia, él era "el muchacho que cuidaba las ovejas" mientras los demás perseguían sus negocios y placeres. Cuando recibieron al profeta que iba para ungir a David, su papá ni lo tomó en cuenta hasta que Samuel le preguntó *"... ¿Son estos todos tus hijos?"* 1 Samuel 16:11. Cuando contestó, su propio padre se refirió a él como *"el menor"*. Esta palabra en el hebreo representa algo más que la edad; significaba que en la opinión de su padre, David era el más insignificante de todos sus hijos, el de menos valor, mientras que sus hermanos eran más educados y tenían actividades más importantes. Eso es lo que su papá pensaba de él. Imagínate lo que fue crecer en una familia donde su padre no creía en él. Tal vez tú te encuentras en una situación parecida a la de David. Seguramente su papá le decía "tú ve a cuidar las ovejas" mientras él veía que sus hermanos realizaban actividades de mayor importancia. La vida de David fue marcada por eso. Él se dio cuenta en aquel entonces que no tenía gran valor. ¿Cómo podemos saber eso? Porque la Biblia dice que él anduvo "tras las ovejas".

Pero, en medio de todo eso, David se dio cuenta de que su identidad, creada por las circunstancias y las situaciones de la vida, no era la correcta. De la misma manera, tu vida y la mía, han sido afectadas por lo que vivimos.

a. *La vida de toda persona es marcada por alguna de las siguientes cosas:*

<u>Una experiencia</u>: abuso, engaño, muerte de un ser querido, etc.

Tengo un amigo cuya esposa fue violada cuando ella pasaba de la adolescencia a la juventud. Como resultado quedó embarazada, y recuerdo que el día que nació su bebé lo dio en adopción a una pareja de pastores. Ahora está casada, tiene una familia, y su esposo y ella son pastores de una iglesia; he visto su vida a través de los años y realmente salió adelante de aquella situación tan injusta que vivió y que marcó su vida. Ya es una experiencia de su pasado, por eso pudo llegar a ser la persona que ahora es. Las vidas de todos han sido marcadas por diferentes experiencias, pero no tenemos que identificarnos en base a ellas, "mira,... ella es la mujer que fue violada", "mira,

...el hijo del borracho". Sin embargo, muchas veces nos identificamos por las cosas que nos han pasado, y no debe ser así.

<u>Un vicio:</u> personal, o de alguien cercano: drogadicción, pornografía, alcohol, etc.

Yo conozco muchos cristianos que vivieron cierta vida atrás estando atados por un vicio o con alguien atado a uno, y ahora son conocidos como "el ex drogadicto", "el ex borracho", "el hijo o hija de la mujer seductora", etc... y se les identifica por ello. Muchos viven toda su vida arrastrando su pasado. Hacer eso sería equivalente a caminar arrastrando un archivero por las calles todos los días. Después de un tiempo la persona se cansa, y baja el paso, o simplemente renuncia a caminar más.

<u>Una raza:</u> color, pobreza, inferioridad.

Por ejemplo, en Latinoamérica siempre nos han dicho que somos "tercermundistas", de países menos desarrollados, que somos pobres y necesitamos que nos den; y sin darnos cuenta, muchas veces nos identificamos con esas cosas y eso crea una imagen equivocada de quienes somos realmente.

<u>Una familia:</u> divorcio, orgullo, apariencia, menosprecio, nivel social, etc.

Quiero tomar como ejemplo la apariencia. Muchos batallamos con nuestra apariencia y ¡nos la dieron nuestros papás! Los altos, no quieren ser tan altos, los chaparros quieren ser altos, los gordos quieren estar flacos, los de pelo chino o rizado, quieren ser lacios, los prietos quieren ser blancos, y los blancos se la pasan bronceándose. ¡Esa es una manera sutil de rechazarnos a nosotros mismos!

Otros crecen en una familia con cierto nivel social donde les enseñan que tienen un valor mayor al de otras personas. Ese pensamiento les lleva a vivir tratando de comprobar que es cierto. Pasan sus vidas en apariencias y fachadas, por lo que tampoco pueden ser quienes realmente son.

Una religión: "Es que yo soy musulmán", "Ah no, yo soy católico", "Pues yo soy protestante".

La verdad es que somos personas, no una religión. Sin embargo, en muchos casos, la religión ha marcado a las personas al punto de atorarlas con una imagen equivocada. Esos nombres son etiquetas que nos ponemos que sólo hacen daño a la imagen que tenemos de nosotros mismos.

Durante su juventud, David se dio cuenta de que tenía necesidad de una imagen propia sana porque en su niñez no la había adquirido.

Yo nací en una familia compuesta por mi papá, mi mamá y dos hermanas menores. Mi papá es holandés: él es alto, rubio, de ojos azules; mi mamá es libanesa: es chaparrita, de "sangre caliente" y créeme, ¡en mi casa había explosiones a diario y a toda hora! Yo veía a mi papá con mucho orgullo, él era mi héroe, yo lo miraba y pensaba, "yo quiero ser como él". Sin embargo, cuando yo tenía doce años, sucedió algo que recuerdo muy bien; mi papá me sacó de la casa, me puso en una banca, y a mi hermana menor y a mi nos dijo: "miren hijos, su mamá y yo hemos tenido muchos problemas y ya no podemos vivir juntos, me voy a tener que ir. Yo los sigo amando, pero quiero que sepan que mañana vendré a recoger mis cosas y me voy, pero nos estaremos viendo..." Yo recuerdo que lo estaba escuchando sin entender nada de problemas matrimoniales, lo que yo realmente estaba oyendo era: "Juan, ¡tú no eres lo suficientemente valioso como para que yo me quede en la casa!". Y en ese momento empezó a suceder algo en mi corazón, me di cuenta que como muchacho, yo no tenía valor suficiente como para que mi papá se quedara en mi vida. Al día siguiente, como a las 3 de la tarde, llegó mi papá a recoger sus cosas y yo lo vi alejarse de la casa. ¡Mi héroe se me estaba yendo!

Necesito decirte que lo maravilloso de esta historia es que ese mismo día llegó una señora a compartirle a mi mamá de Cristo. Después de que ella lo había aceptado, alcanzaron a mi papá en la carretera y también él recibió a Cristo y regresó a casa. ¿Qué tremendo, no? Ya tienen más de veintiséis años de ser creyentes, son amigos, y se llevan muy bien. Dios rescató su matrimonio ¡Ese es el poder del Evangelio!

Sin embargo, había pasado algo en mi corazón que me decía que yo no tenía valor, ya había sido marcado, y para mí, a pesar de que mi papá regresó, las cosas cambiaron; llegaba a la escuela y me escondía a llorar, ya no quería ir. Mi mundo se había derrumbado y en un instante, me volví un niño sumamente inseguro. Comencé a cubrirme y a protegerme. Hasta hice votos internos... "jamás en la vida, nadie me va a herir como me hirieron. Si no tengo gran valor, está bien, pero yo mismo, me voy a cuidar". Cerré mi corazón y me volví duro. Después me venían pensamientos, como... "A lo mejor yo tendré valor si actúo de esta manera..." "A lo mejor tendré valor si consigo buenas calificaciones." "Tal vez, si hago lo que ellos quieren" etc., etc. ¿Alguna vez tú has oído eso?

Me identifiqué con una experiencia y ya no sabía quién era yo. Lo que creía de mí era que no tenía valor como persona. ¡Había quedado ligado a esa experiencia!

b. Nuestra identidad es lo que <u>pensamos</u> de nosotros mismos.

Esa tarde adquirí el concepto de mí mismo de que yo no valía, la persona más importante en mi vida me lo había dicho.

Cuando un joven cree que no tiene valor hay un grave problema... "Si no tengo gran valor, ¿qué importa lo que hago? piensa el joven. Hay líderes que les dicen a los jóvenes: "No hagas esto",

"No hagas aquello" y esa no es la solución. Líder, ¿acaso crees que ellos no saben cuando están haciendo algo mal? ¿Crees que vamos a lograr algo a través de estarles gritando y dándoles duro? ¿Qué necesitan? Ellos necesitan una identidad correcta de quiénes son. Cuando entiendan que tienen valor como persona, entonces ya no se van a inyectar, ya no se van a emborrachar, ya no se van a acostar con una persona antes de casarse. Créeme, ¡no lo van a hacer!, porque entienden su valor como un individuo único y especial.

¡Estamos tirando al blanco equivocado! Tenemos una juventud que está perdida en medio de problemas familiares, sociales, de religión, etc., y andan vueltos locos sin saber quiénes son, y cuando eso sucede, cuando creen que no tienen valor, hacen cualquier cosa. No le importa arruinar su vida a alguien que crece pensando que no vale. Tú puedes ir a darle de "Bibliazos" y eso no le va a servir.

   c. *Cuando nos _identificamos_ con una circunstancia, nuestra identidad se distorsiona.*

Cualquier circunstancia, quizá una situación familiar, quizá nuestra raza, o tal vez el que alguien nos diga algo en cuanto a ello, puede ocasionar que la imagen que tenemos de nosotros mismos se vea afectada, y cuando eso sucede, el problema es el siguiente:

   d. *De la manera en que pensamos de nosotros mismos, es como _actuamos_.*

Somos el producto de lo que pensamos de nosotros mismos. No somos el producto de lo que Dios piensa de nosotros. Y ¡te lo voy a comprobar con la Biblia!

Tú estás viviendo ahora mismo la vida que escogiste basado en lo que piensas de ti mismo. Por eso hay gente que no aspira a grandes cosas, porque perciben un valor muy bajo de sí mismos.

Proverbios 23:7 dice:

"Porque cual es su pensamiento en su corazón, tal es él".

Desde que nacemos, nos enfrentamos a una intensa presión que nos impulsa a identificarnos con algo que hayamos hecho o con algo que nos haya sucedido, y eso produce una identidad equivocada.

¿Cuántas veces hacemos cosas y pensamos, "Por qué lo hice"? "Sabía que no debería hacerlo, pero lo hice". Esa identidad equivocada nos **dicta** cómo actuar, aunque muchas veces sabemos que nuestras acciones debieran ser diferentes.

Si tú piensas que <u>no tienes valor</u>, actuarás como <u>víctima.</u>

Hoy en día tenemos una plaga de falta de responsabilidad personal. Siempre culpo a alguien más por mis acciones.

Si tú piensas que eres <u>malvado</u>, actuarás con <u>engaño.</u>

Si tú piensas que eres <u>valioso</u>, actuarás en forma <u>honrosa.</u>

Si tú piensas que eres un <u>líder</u>, actuarás ejerciendo <u>liderazgo.</u>

No es lo que piensa Dios de ti, ¡es lo que **tú** piensas de ti lo que determina tu vida! Y actuarás conforme a lo que piensas.

Tenemos un ejemplo en la Biblia que nos ilustra esta verdad.

"Y hablaron mal entre los hijos de Israel, de la tierra que habían reconocido, diciendo: La tierra por donde pasamos para reconocerla, es tierra que traga a sus moradores; y todo el pueblo que vimos en medio de ella son hombres de grande estatura".

*"También vimos allí gigantes, hijos de Anac, raza de los gigantes, y éramos nosotros, **a nuestro parecer**, como langostas; y así les parecíamos a ellos".* (Números 13:32-33)

Dios le había dicho al pueblo de Israel, "Ustedes son conquistadores, son mi pueblo victorioso, son campeones. ¡Vayan y tomen la tierra!". Eso es lo que Dios sabía de ellos. Sin embargo, ellos regresan y dicen: *"Y éramos nosotros, **a nuestro parecer**, como langostas..."*

y no entraron. Fueron limitados por su identidad. Fueron impactados en Egipto de tal manera que aunque Dios los había librado de la esclavitud seguían siendo esclavos de su propia imagen.

Yo quiero decirles a los 275 millones de jóvenes de Latinoamérica... ¡Dios los ha hecho campeones! Sin embargo, si su mente, si sus pensamientos están conectados a una cierta experiencia u otra cosa de lo que he mencionado, eso los está limitando.

Quiero retar al presente liderazgo, ¡Es tiempo de darnos cuenta quiénes somos realmente según lo que dice Dios! ¿Te has dado cuenta que te has limitado no porque Dios te haya detenido, sino porque te has estado identificando con otras cosas que te están robando? ¡Es tiempo de romper con eso!

2. David y su camino a una nueva identidad.

*"De manera que nosotros de aquí en adelante a **nadie** conocemos según la carne... De modo que si alguno está en Cristo, nueva criatura es; las cosas viejas pasaron; he aquí todas son hechas nuevas." (2 Corintios 5: 16 y 17)*

a. No es bueno <u>conocerme a mí ni a nadie</u> según la carne.

Eso es lo exterior y superficial. No es bueno que te conozcas según tu raza, tu familia, tus experiencias.

Hoy en día están de moda los tatuajes, (quiero aclarar que no tengo ninguno), no los recomiendo, tampoco estoy en contra. A veces las personas critican mucho a otros porque se ponen un tatuaje. Pues te digo que los tatuajes interiores que muchos tienen sobre su corazón hacen mucho más daño que alguna marca puesta sobre el brazo o en la espalda. Yo quiero que por un momento pensemos en los tatuajes interiores y exteriores. Sería absurdo poner un tatuaje con un letrero que diga "ex drogadicto", "borracho", "el necio", "el hijo de la otra mujer", "no valgo", "soy un tonto". ¡No lo haríamos! Nadie haría tal cosa. Sin embargo, muchos tienen tatuajes interiores que nadie puede ver, grabados en su mente y sobre su corazón. Lo que piensan, lo que ven, y lo que creen, proviene de ese tatuaje interno, y rige toda su vida. Eso no es lo que Dios desea. Si tú tienes un tatuaje interno, Él quiere que cambies esa imagen, que no te conozcas según la carne. Necesitas una nueva imagen. A lo mejor tú estás pensando. "...yo creí que este libro era de liderazgo". El liderazgo tiene todo que ver con una identidad correcta de ti mismo. Por eso David fue el campeón que llegó a ser.

b. *Sólo Dios tiene el derecho de decirme quién soy, puesto que Él me formó.*

Quiero decirlo de nuevo... ¡Sólo Dios tiene el derecho de decirme quién soy, porque Él me formó!

"Porque tú formaste mis entrañas; tú me hiciste en el vientre de mi madre. Te alabaré; porque formidables, maravillosas son tus obras; estoy maravillado, y mi alma lo sabe muy bien. No fue encubierto de ti mi cuerpo, bien que en oculto fui formado, y entretejido en lo más profundo de la tierra. Mi embrión vieron tus ojos, y en tu libro estaban escritas todas aquellas cosas que fueron luego formadas, sin faltar una de ellas. ¡Cuán preciosos me son, oh Dios, tus pensamientos! ¡Cuán grande es la suma de ellos!" (Salmo 139: 13-17)

¿Te das cuenta que antes de nacer aquí en la tierra Dios estaba pensando en ti, y estaba escribiendo en un libro acerca de todo lo que depositó en ti? ¡Eso es lo que sucedió! ¡Tú eres un propósito de Dios!, Él pensó una idea, te ubicó en un lugar, te empaquetó en un cuerpo y... ¡naciste! ¡Tú eres un propósito según la Palabra! Lo que sucede es que muchas veces los jóvenes no se dan cuenta de eso y se identifican con algo equivocado, con una situación o circunstancia, y comienzan a conocerse a sí mismos según la carne, es decir, según su familia, sus experiencias, etc. En otras palabras, según lo que les ha pasado, y no según Dios.

Necesitas recordar esto...

¡Sólo Dios tiene el derecho de decirte quién eres! Tu pasado no tiene derecho, tus experiencias no tienen derecho, ni la iglesia, ¡ni siquiera la familia!

SÓLO DIOS,

porque Él te fabricó.

A mí siempre me confundía todo eso, cuando nací de nuevo, yo leía la Biblia y me empecé a dar cuenta de que Dios muchas veces le cambiaba el nombre a la gente. Por ejemplo, Dios dijo "No te llamas Abram, tú te llamas Abraham". "No eres Simón, eres Pedro", "no eres Sarai, sino Sara".

Comencé a entender porqué Dios cambiaba el nombre de las personas hasta que empecé a entender esto... Para que una persona llegue a alcanzar su máximo potencial tiene que entender quién es realmente. Y eso Dios lo sabe más que la propia persona.

"No, no te llamas Abram, tú eres Abraham, padre de las multitudes."

"No, no te llamas Simón, tú eres Pedro, una pequeña roca…"

Ahora yo quiero hacerte a ti una pregunta... ¿Tiene Dios el derecho de decirte en este momento quién eres? ¿Estás dispuesto a estar equivocado en tus pensamientos para que Él tenga la razón?

Antes, David andaba tras las ovejas... ya me lo imagino caminando detrás de ellas diciendo, "yo no soy tan importante como otros, me mandan aquí al desierto y ellos se quedan haciendo sus actividades". O, con los pantalones rotos pensando... "no tengo valor, no tengo propósito". Dios lo expresó así "...te tomé del redil, *de andar detrás de las ovejas"*. 1 Crónicas 17:7.

Yo creo que Dios lo miraba y le decía... "David, tú eres un príncipe, entiéndeme".

En ese mismo capítulo, en el versículo diecisiete, David le dice a Dios *"me has mirado como a un hombre excelente"* (me has dicho que tengo gran valor, a pesar de lo que yo creía de mí mismo). Y ahora yo quiero decirte... ¿Cómo estará mirándote el Señor a ti hoy? A lo mejor Dios ha puesto en ti sueños y tú has pensado: "eso sería imposible, esos sueños son demasiado grandes para mí..." y el Señor te está diciendo: "Anda, despiértate, yo te conozco, yo te formé y sé lo que puse en ti".

c. La única manera de tener una identidad acertada es teniendo un encuentro duradero con Dios.

¿Por qué un encuentro duradero? ¿Por qué no sucede cuando yo recibo a Jesucristo como mi Señor y Salvador? Simplemente porque no sucede así. Es a través de pasar tiempo con Él y estar conociéndole más. Sólo así podrás escuchar cuando Él te diga: "No, tú no eres eso". "Yo te formé y yo te conozco".

Recuerdo cuando comencé a leer la Biblia y a saber lo que Dios decía de mí, yo me maravillaba, y decía al Señor: "pero, ¿por qué yo no pienso igual?" Sin embargo, un encuentro duradero (invirtiendo tiempo) con Dios produjo una nueva imagen de mí mismo.

El Salmo 119:145-148 menciona:

"Clamé con todo mi corazón; respóndeme, Jehová, y guardaré tus estatutos. A ti clamé; sálvame, y guardaré tus testimonios. Me anticipé al alba y clamé; esperé en tu palabra. Se anticiparon mis ojos a las vigilias de la noche, para meditar en tus mandatos".

3. **David, con su nueva identidad, comenzó a pensar y a actuar como <u>OTRA PERSONA.</u>**

¿Qué le pasó a David? Simplemente entendió quién era.

La manera en que uno se ve a sí mismo determina lo que quiere en la vida, y lo que quiere en la vida determina sus acciones y cómo vive.

Muchos quieren cambiar su manera de ser; el problema es que se les ha dicho que se logra a través de disciplina, dieta, ejercicio, una nueva relación, psicología, etc. Esas cosas cambian **lo que aparenta** una persona, no **lo que es.** Lo que realmente necesitas es una nueva identidad. Lo más importante de tu vida es saber quién eres tú.

GEDEÓN NO LO SABÍA, PERO...

a. *Tenemos un ejemplo positivo de esto en la vida de <u>Gedeón.</u> En el libro de Jueces 6.*

Gedeón tenía una imagen pobre de sí mismo. Él estaba escondido de los madianitas y con miedo de que le robaran lo poco que tenía. Estaba viviendo lo que pensaba de sí mismo. De repente, un ángel aparece en un árbol y lo ve y le dice..."hombre esforzado y valiente", Gedeón le responde... "¿yoooooo?" Y yo imagino al ángel mirándolo y rascándose la cabeza pensando: "... ¿llegué al lugar equivocado?"

> *"Entonces le respondió: Ah Señor mío, ¿con qué salvaré yo a Israel? He aquí que mi familia es pobre en Manasés, y yo el menor en la casa de mi padre." (Jueces 6:15)*

Dios sabía que Él lo había hecho valiente y esforzado y un campeón de Israel. Sin embargo, no vivía conforme a eso porque en su interior, tenía otra imagen de sí mismo. Una imagen de pobre y pequeño. Las personas verdaderamente vivimos conforme a lo que creemos de nosotros mismos.

"Y el ángel de Jehová se le apareció, y le dijo: Jehová está contigo, varón esforzado y valiente." "Y mirándole Jehová, le dijo: Vé con esta tu fuerza, y salvarás a Israel de la mano de los madianitas. ¿No te envío yo?" (Jueces 6:12,14)

Cuando Gedeón aceptó su nueva y verdadera identidad, pensó y actuó diferente. Como resultado, tuvo una vida llena de victorias, éxitos y grandes logros, hasta está mencionado en Hebreos 11, "El salón de la fama de la fe".

Su transformación la vemos en un cambio radical. De ser aquél miedoso que se escondía de todos, a ser "Jerobaal" (su nuevo nombre), que significa aquél que contendía contra Baal.

Ahora dime... ¿estás **tú** dispuesto en este momento a mirar al cielo y preguntarle a Dios quién eres realmente, y después decirle... "bueno, está bien, si tú lo dices Señor, yo te creo?"

¡Necesitamos una juventud que diga... "bueno, todo esto me rodea, hay adversidad a mi alrededor, pero yo te creo a ti Dios, si tú dices eso en cuanto a mí, lo acepto"! y... ¡dale adelante! ¡Tú eres un campeón!

¿QUÉ PASÓ CON SAÚL?

Hubo otro hombre que se llamaba Saúl y él nos da un ejemplo negativo de este principio. Al no aceptar su identidad dada por Dios vivió un desastre. Su historia la leemos en el primer libro de Samuel 9:31.

Dios sabía la verdad de Saúl, pero él pensaba otra cosa. Tenía una imagen pobre de sí mismo que no estaba dispuesto a cambiar.

En 1 Samuel 9:21 Saúl respondió...

"Saúl respondió y dijo: ¿No soy yo hijo de Benjamín, de la más pequeña de las tribus de Israel? Y mi familia ¿no es la

*más pequeña de todas las familias de la tribu de Benjamín?
¿Por qué, pues, me has dicho cosa semejante?"*

Dios le dijo que era hermoso, grande, de corazón para Él, piadoso y con dones espirituales. Sin embargo, respondió... "No, soy de la tribu más pequeña de Israel".

Siendo un rey, Saúl, sin aceptar su verdadera identidad, vivió una total paradoja.

1. Se escondió de otros. (1 Samuel 10:22)
2. Desobedeció a Dios porque necesitó la aprobación de la gente. (1 Samuel 11:8-9, 11)
3. Intentó matar a su hijo, por querer tener la razón. (1 Samuel 14:24-44)
4. Desobedeció a Dios por quedar bien con otros y porque temió a otros. (1 Samuel 15:9-15, 24)
5. Buscó ser honrado ante las personas. (1 Samuel 15:30)
6. No creía en otros (dudaba de ellos, 1 Samuel 17:33)
   ¡Ese es el tipo de liderazgo que nos está matando en Latinoamérica! No creemos en las personas ni tenemos una actitud de afirmación hacia ellas.
7. Veía a otros como su competencia. (1 Samuel 18:8-9, 11-12, 15, 29)
8. Vivió su vida sin cumplir su propósito, siendo un hombre cobarde, celoso, asesino. (1 Samuel 19:1, 31:6)

Dios le explicó la razón de su fracaso en la vida...

*"Y dijo Samuel: Aunque eras pequeño en tus propios ojos, ¿no has sido hecho jefe de las tribus de Israel, y Jehová te ha ungido por rey sobre Israel? Y Jehová te envió en misión y dijo: Vé, destruye a los pecadores de Amalec, y hazles guerra hasta que los acabes. ¿Por qué, pues, **no has oído la voz de Jehová?...**"*
(1 Samuel 15:17-19)

La diferencia entre las vidas de Gedeón y Saúl es muy sencilla. Gedeón aceptó lo que Dios dijo de él, Saúl no. Y eso es orgullo, cuando dices "no", es por orgullo. Es decirle a Dios: "no Dios, yo me conozco mejor de lo que tú me conoces". Esa fue la elección de Saúl, y como resultado, vivió una miseria.

4. El liderazgo de David, que brotó de su <u>IMAGEN INTERIOR</u> resaltó a lo largo de su vida, aun antes de que recibiera una posición o un título.

a. David lideró <u>ovejas</u>. (1 Samuel 17:34-36)

David tuvo un encuentro con Dios y al pasar tiempo con Él, se dio cuenta de quién era, que realmente era un líder campeón. Al darse cuenta y aceptar lo que Dios decía de él como verdad, vemos un cambio en sus acciones. En vez de andar detrás de las ovejas, se puso a liderar las ovejas. Dios le dijo… "Yo te formé en el vientre de tu madre, yo tengo escrito en mi libro acerca de ti, yo sé quién eres y te lo voy a decir… tú eres un campeón y líder…" Y en ese encuentro duradero con Dios, David empezó a entender quién era realmente y… ¡cambió! En vez de andar tras las ovejas, las defendía de los leones y los osos matándolos. Para ese entonces, él ya había cambiado, ya era un líder.

De andar **tras** las ovejas, comenzó a **liderar** ovejas. ¿Qué había pasado? Comenzó a entender quién era realmente y eso hizo la diferencia en su vida.

b. David lideró <u>un ejército</u>. (1 Samuel 17:51-52)

La Escritura nos relata cómo fue que David lideró un ejército inmediatamente después de que se enfrentó a Goliat. David infundió ánimo y confianza al ejército y todos se levantaron para ir a conquistar a sus enemigos. La actitud del ejército cambió debido a la influencia de David.

"Entonces corrió David y se puso sobre el filisteo; y tomando la espada de él y sacándola de su vaina, lo acabó de matar, y le cortó con ella la cabeza. Y cuando los filisteos vieron a su paladín muerto, huyeron".

"Levantándose luego los de Israel y los de Judá, gritaron, y siguieron a los filisteos hasta llegar al valle, y hasta las puertas de Ecrón. Y cayeron los heridos de los filisteos por el camino de Saaraim hasta Gat y Ecrón".

c. David lideró <u>un amigo</u>. (1 Samuel 20:3-42)

Jonatán era un líder él mismo, sin embargo supo reconocer el liderazgo de David y cada uno supo tomar su lugar.

d. David lideró <u>muchos compañeros</u>. (1 Samuel 22:2)

El liderazgo de David atrajo personas a él de manera natural. Su influencia fue creciendo mucho antes de que llegara a ser rey. Esa gente no buscaba a David porque él tuviera un título, lo buscaba porque estaba en problemas y le reconocieron como su líder.

"Y se juntaron con él todos los afligidos, y todo el que estaba endeudado, y todos los que se hallaban en amargura de espíritu, y fue hecho jefe de ellos; y tuvo consigo como cuatrocientos hombres".

e. David lideró <u>un rey</u>. (1 Samuel 24:16-22)

David pudo liberar a Saúl porque entendió quién era.

Aún el mismo Saúl, a pesar de sus celos y de su mala condición pudo ver en David el líder que los otros veían y reconoció su capacidad de liderar.

"Y ahora, como yo (Saúl) entiendo que tú (David) has de reinar, y que el reino de Israel ha de ser en tu mano firme y estable". (1Samuel 24:20)

f. David lideró <u>un reino</u>. (2 Samuel 5:1-5)

En esta Escritura vemos cuando llegó el día en el que David fue proclamado rey.

También vemos que el pueblo de Israel reconoció su liderazgo mucho antes de ese momento.

"Y aun antes de ahora, cuando Saúl reinaba sobre nosotros, eras tú quien sacabas a Israel a la guerra, y lo volvías a traer. Además Jehová te ha dicho: Tú apacentarás a mi pueblo Israel, y tú serás príncipe sobre Israel". (2 Samuel 5:2)

El liderazgo de David no se fundó en un título, ni un puesto, sino en que entendió quién era y le creyó a Dios. Y tú... ¿Estás dispuesto a creerle?

David no trató de liderar, él descubrió que era un líder. Hay muchas personas en liderazgo que están tratando de liderar, se esfuerzan, pero con las muchas inseguridades que sienten por no haber descubierto su verdadera identidad, terminan desbaratando vidas en vez de edificarlas. Muchos terminan controlando y manipulando en vez de estar liderando. "Tú para acá", "tú para allá", etc. Necesitamos darnos cuenta de que cuando entendemos quiénes somos y comenzamos a realizar lo que Dios tiene escrito en sus libros, es cuando logramos el éxito que Dios tiene para nuestras vidas.

¡Tú eres un campeón! Dios lo tiene escrito, pero para lograrlo tienes que entender quién eres, tienes que desligarte de las cosas que te han atrapado, "...es que yo soy esto", o "...es que yo soy aquello", "porque me dijeron", "porque sucedió que..." Date cuenta de que el verdadero liderazgo comienza con entender tu propia identidad, saber quién eres y estar tranquilo con ello y abrazarlo. Cuando entendemos quiénes somos, no estamos inseguros y es así como podemos empezar a ser diferentes y levantar una nueva generación, levantar a una juventud que quiere volar; y nosotros como líderes, podemos tener parte en ello, ayudando a cada persona a llegar a su máximo potencial.

¿Estás dispuesto a mirar al cielo y decir: "...está bien Señor, lo que tú digas"? A lo mejor has tenido sueños y los has menospreciado pensando que eso no puede ser. Yo quiero decirte una cosa, **sí, sí puedes.** Si Dios te lo ha dicho es porque ¡Él sabe quién eres! Y sólo Dios tiene el derecho de decirte quién eres.

Si tú te has identificado con lo que he estado tratando, y te das cuenta que has estado luchando, "tratando de ser", que te has identificado con experiencias de tu pasado, con lo que dicen de ti y quieres desligarte, dile a Dios ahora mismo. "Señor, sólo tú tienes el derecho de decirme quién soy, y te voy a creer". Si tú le dijiste estas sencillas palabras al Señor de todo tu corazón. ¡Este es un nuevo día para ti! Y yo le pido al Señor que conforme leas este libro, Él selle en tu corazón una nueva imagen para correr tras lo que Él tiene para tu vida.

Principio de la amistad

"Los líderes tienen a otros líderes por compañeros"

Es sumamente importante entender que las amistades que hacemos van a determinar nuestro futuro.

Hay un versículo en la Biblia que nos habla mucho en cuanto a que somos muy influenciados por las personas a las que nos acercamos.

"Si alguno llevare carne santificada en la falda de su ropa, y con el vuelo de ella tocare pan, o vianda, o vino, o aceite, o cualquier otra comida, ¿será santificada? Y respondieron los sacerdotes y dijeron: No.

Y dijo Hageo: Si un inmundo a causa de cuerpo muerto tocare alguna cosa de estas, ¿será inmunda? Y respondieron los sacerdotes y dijeron: Inmunda será". (Hageo 2:12-13)

¿Qué tiene que ver esto con la amistad?

La pregunta que se hace en este versículo es muy sencilla. Si alguien lleva en su falda algo santificado y toca una cosa, ¿quedará esa cosa santificada? Y la respuesta fue NO.

Después dice, si algo inmundo o contaminado, de repente tocara alguna cosa, ¿quedará inmunda? Y la respuesta fue SÍ.

¿EL LODO ENSUCIA?

Este principio lo vemos repetidas veces en la Biblia. La injusticia es muy contagiosa; cuando te acercas a ella, quedas contaminado. La justicia, en cambio, no es así. Es por nuestra propia decisión que la obtenemos, y no es fácilmente trasmitida.

Nosotros somos muy influenciados.

¿CÓMO DECIRLO AMABLEMENTE?

Los que se unen con personas que no sirven, acaban en la misma condición. ¡Es así de simple!

"No se dejen engañar: Las malas compañías corrompen las buenas costumbres." (1 Corintios 15:33 [NVI])

Nuestros amigos ejercen una gran influencia en nuestras vidas. Es más, las cualidades de una persona son conocidas por el tipo de amistades que escoge. Un ejemplo de que seremos como aquellos con quienes andamos lo podemos ver en lo siguiente:

Los sociólogos dicen, en cuanto a las finanzas: Si apuntas los nombres de las diez personas más cercanas a tu vida, y su nómina anual, las sumas y divides entre diez para sacar un promedio de ingresos, el resultado que obtengas va a ser muy cercano a tu nómina anual. Cuando yo hice esta prueba, me maravillé de que sí resultó, pero después de pensarlo un poco, me di cuenta de que es sólo otra manera de ilustrar la verdad que hay en este principio bíblico.

LAS PERSONAS CON LAS QUE ANDAMOS DETERMINAN EL NIVEL QUE NOSOTROS VAMOS A ALCANZAR

El gran amigo que David escogió fue Jonatán, el príncipe coronado de Israel. Podemos ver la sabiduría de ambos en su mutua elección.

Lo que David sabía en cuanto a la amistad:

1. Uno será como aquellos con los que SE JUNTA.

Si yo, siendo justo, me junto con injustos, no les voy a "contagiar" mi justicia. En cambio ellos sí me van a contaminar con su injusticia. ¡Es como la gripa! Si yo tengo catarro y estornudo frente a la cara de alguien, muy probablemente lo voy a contagiar.

Si te juntas con mentirosos, serás influenciado a mentir.

Si te juntas con mal hablados serás influenciado a hablar groserías.

A lo mejor un día, de repente dices algo y... "ups, ¿de dónde salió eso?"

Si te juntas con personas depresivas, serás influenciado a estar deprimido.

¿QUÉ TAN IRACUNDO ERES?

Si te juntas con personas iracundas, serás influenciado a ser explosivo.

Años atrás, estuve en un equipo de liderazgo, y aunque yo no era el líder principal, estaba aprendiendo y siendo influenciado por la persona que lo era. Por lo tanto, estuve presente en algunas juntas en las que ocasionalmente, él confrontaba a ciertas personas, pero no para aclarar situaciones, sino para reprenderlas y atacarlas. De repente, su cara subía de color y la gente se intimidaba dando pasos atrás y él obtenía lo que quería. Siendo joven, yo sabía poco en cuanto a liderazgo, nadie me había enseñado, y sin querer hacerlo, empecé a aprender eso, ¡y yo no soy así! Después de un tiempo, me di cuenta de que empezaba a actuar de la misma manera. ¿Por qué? **Porque las personas con quienes andamos nos influencian en gran manera.**

Si estás casado, piensa en las tres parejas más cercanas a tu matrimonio, y como es su matrimonio, será el tuyo.

Si te juntas con <u>pervertidos</u>, serás influenciado a la <u>lascivia.</u>

Parece lógico, pero desgraciadamente, muchas personas que anhelan vivir en pureza, se meten en líos porque pasan por alto el poder de la influencia. Pongo un ejemplo: Un día estás adorando a Dios, y de repente… ¡una imagen en tu mente! Te espantas con el cuadro mental que no debe estar allí, y piensas "¡es el diablo!" pero lo que realmente sucede es que por juntarte con un 'amigo' que tiene ciertos pósteres pegados en su cuarto y que tiene la costumbre de ver ciertas revistas, tú estás siendo contaminado. Cada vez que andas con él y ves, oyes o hablas de esas cosas con tu 'amigo' eso entra en ti. Las cosas malas son **sumamente** contagiosas. No, no es el diablo atacándote, eres tú, que por decisión propia (la elección de tu amigo) te estás creando estos conflictos internos.

Si te juntas con gente <u>mediocre</u>, serás influenciado a la <u>mediocridad</u>.

Si hay algo que no entiendo es porqué una persona vive una vida mediocre. La vida no tiene sentido así. ¡Júntate con gente que sueña en grande! Con gente que se esfuerza a vivirla echando ganas todos los días.

Si te juntas con gente <u>justa</u>, serás influenciado a la <u>rectitud</u>.

Si tú quieres ser una persona recta es muy fácil. Júntate con personas que vivan rectamente; con personas que toman sus decisiones, no de acuerdo a lo que les conviene, sino de acuerdo a lo que es correcto y justo.

Si te juntas con gente que <u>da</u>, serás influenciado a la <u>generosidad</u>.

De la misma manera, si te juntas con personas que no son generosas, aunque tú lo seas, tarde o temprano acabarás siendo influenciado por ellos en tu forma de dar.

También las personas que tenemos en alta estima tienen una gran influencia en nuestra vida.

Yo no conocí a Cristo hasta que fui joven, y cuando era niño, uno de mis héroes era mi tío. Él era granjero y lo admiraba mucho. En ese entonces yo tenía dos anhelos. Ser basurero, o ser granjero. ¡En serio! Los viernes en la tarde era mi día favorito porque pasaba el camión de la basura y me encantaba ver que al apretar un botón, la máquina compactadora del camión, comprimía la basura ¡eso me emocionaba!

Mi otro anhelo era ser granjero, como mi tío al que admiraba tanto. Él era alto, brusco, con unas manos grandes que me impresionaban y me encantaba estar con él, pero como él no era creyente, su comportamiento no era muy ejemplar que digamos, era muy iracundo.

Ahí donde vivíamos había mucha papa y acostumbrábamos comer puré con frecuencia. A mi tío le gustaba que el suyo estuviera muy espeso. Un día que yo estaba comiendo en su casa, mi tía nos llevó puré y cuando él se sirvió, se dio cuenta que estaba muy aguado. Se levantó muy enojado, tomó a mi tía y la tiró por las escaleras del sótano y ella rodó hasta abajo. Por si esto fuera poco, además le gritó: "¡Jamás me vuelvas a hacer el puré tan aguado!" Cuando veía ese tipo de cosas, yo pensaba que ese era el trato normal entre esposos, porque admiraba a mi tío. Déjame aclarar algo ¡Nunca he hecho eso con mi esposa! Y ella puede dar testimonio de esto. ¿Cómo la voy a tirar si ella es más grande que yo? ¡Jamás lo haría!

Dejando la broma a un lado, yo aprendí de mi tío que esa manera de tratar los asuntos estaba bien y eso me causó muchos problemas al principio de mi matrimonio. Fue más adelante que me di cuenta de que estaba equivocado.

¿QUIÉN NO QUIERE SER FELIZ?

2. **El nivel de felicidad en nuestra vida depende de las personas con quienes NO ANDAMOS.**

"Bienaventurado el varón que no anduvo en consejo de malos, Ni estuvo en camino de pecadores, Ni en silla de escarnecedores se ha sentado." (Salmo 1:1)

Bienaventurado significa feliz. De acuerdo a este versículo, el nivel de felicidad que tengamos tiene que ver con las personas que excluimos de nuestra vida.

Jesucristo vivió así, Él fue exclusivo con la elección de sus amigos. Sin embargo, es necesario aclarar que fue inclusivo en cuanto a su ministerio. Él quería que las vidas de todos fueran cambiadas. Oraba por todos y los bendecía. Él no decía "no" a la gente. Brillaba entre las multitudes llevando a todos las buenas nuevas. Sin embargo, en el Evangelio de Marcos capítulo 3, vemos que Jesús ayunó, oró y después escogió a doce hombres para pasar con ellos la mayoría de su tiempo. La Biblia dice que le seguía una gran multitud, pero llegó el día de escoger.

Puedo visualizar a Jesús, mirando a toda la multitud y diciendo a algunos, "tú ven", "tú también ven", y luego subir el monte para estar con 12 personas solamente. Imagínate los comentarios, "qué mala onda", "oye, qué grosero", "¿cómo es posible que haga eso?" También imagino a otros que estaban en el mismo lugar, expectantes, atentos a Jesús.

JUGANDO CARTAS

A mi familia y a mí, nos gusta jugar a las cartas ocasionalmente. Casi siempre tengo a mi hijo Jony como mi pareja en el juego y cuando le tocan buenas cartas, empieza a mover sus ojos emocionado porque sabe que su juego será muy divertido. Yo imagino que así había gente emocionada, con sus ojos atentos a Jesús, esperando ver lo que Él haría y pensando que le escogería. Sin embargo, Jesús fue muy selectivo con sus amigos, y no pidió disculpas por ello. De los doce discípulos, hubo tres más cercanos, y de esos tres, hubo uno aún más cercano. ¿Y las demás personas? Jesús las amó, las ministró, las sanó etc... pero hasta allí.

3. Toda persona tiene el <u>DERECHO</u> de escoger a sus amigos.
¡Tú tienes el derecho de escoger a tus amigos! David lo expresó así…

> *"Compañero soy yo de todos los que te temen y guardan tus mandamientos". (Salmo 119:63)*

¡ESCOGE!

Dios te da el derecho de escoger con quién vas a andar. Si quieres ser un campeón, necesitas andar con campeones. Debemos amar a todos, ser luz a todos y dar a todos el mensaje de amor, pero hay que fijarnos bien con quién vamos a andar.

LAS PERSONAS CON LAS QUE ANDAMOS DETERMINAN NUESTRO NIVEL DE INFLUENCIA

UNA HISTORIA RARA

Yo ingresé a una escuela bíblica antes de ser salvo. Mentí para entrar y me admitieron, así que pensé: "...si ellos no lo disciernen, no se los voy a decir". Más adelante, ahí recibí a Jesucristo como mi Señor y Salvador, así como el llamado de Dios para mi vida. Yo fui a esa escuela con un amigo al que amaba con todo mi corazón, pasábamos mucho tiempo juntos; él empezó a salir con la hermana de Karla, y tiempo después, se casó con ella; así que hasta formamos parte de la misma familia. Ellos se fueron a África de misioneros, y nosotros a México. Sin embargo, él tenía una manera de ser muy especial, siempre veía el lado malo de las cosas, si todo era blanco, él veía la manchita más pequeña, ¡y se enfocaba en ella! Así que siempre estaba desanimado y criticando a otros. Cuando estaba con él, yo sentía que algo me incomodaba, pero pensaba, "¿qué puedo hacer?... es mi mejor amigo".

Para ese entonces, Dios ya me había dado una visión y había puesto sueños en mi corazón, y cuando me juntaba con él, después de un rato, era como si todo eso se apagara dentro de mí; como si mis sueños y expectativas fueran como un globo cuando se desinfla.

Así transcurrió un tiempo hasta que un día el Señor me habló diciendo: "Juan, ¿hasta cuándo vas a dejar que él te esté influenciando más de lo que yo te estoy influenciando?"

Yo dije: "¿cómo, Señor? Y Él me dijo: "¿no te has dado cuenta de que cada vez que estás con él sales pensando y sintiendo de otra manera?" "Tú vas a tener que escoger."

Yo tengo cinco pasiones en mi vida: el Señor Jesucristo, mi esposa, mis hijos, el ministerio, y la cacería de venados.

Él era mi compañero de cacería y un día, después de haber estado en el bosque con él, estando sentados en la camioneta, tomé valor y le dije: "Tú sabes que te amo, pero tengo que decirte algo".

"La verdad es que yo tengo sueños que Dios ha puesto en mi corazón y quiero perseguirlos, pero cuando estamos juntos, no hablamos de lo que Dios puede hacer, sino de porqué no se pueden hacer. Y eso está trayendo un conflicto a mi vida. Necesito tomar una decisión y escojo los sueños y el plan de Dios para mi vida".

Esto no fue nada fácil, ¡él era mi mejor amigo! Sin embargo, conforme me retiré de él, volvieron a brotar los sueños y Karla y yo perseguimos más lo que Dios tenía para nuestras vidas.

SÍ, HAY UN PRECIO

Nadie ha dicho que no cuesta ser un campeón, ¡sí cuesta! Tienes que ser fuerte y decidir andar con aquellos que te edifican. Los líderes campeones andan con líderes campeones. Si andas con gente que rige su vida por estándares más bajos, vas a bajar los tuyos. Esto es un principio bíblico y créeme, ¡es verdad!

4. Es mejor tener un buen amigo, que <u>MUCHOS</u> conocidos.
Si estás casado, ojalá que tu pareja sea ese buen amigo. Sin embargo, aparte de tu cónyuge debes tener una buena amistad con una persona (del mismo sexo), con quien disfrutes estar, puedas reírte, y ser quien eres.

AMIGOS Y ESPOSOS A LA VEZ

A mi me encanta estar con mi esposa, nos reímos y nos divertimos mucho juntos. Al principio de nuestro matrimonio yo le hacía unas bromas tremendas. Recuerdo en especial una ocasión, cuando recién llegamos a Guadalajara. Yo estaba bañándome y de repente, vi sangre en el piso y pensé: "...Dios mío, me corté" pero me di cuenta que era un shampoo rojo con el que me estaba lavando el pelo. Se me ocurrió acostarme en el piso de la bañadera, tiré shampoo por todos lados, en mi garganta, y salpiqué la pared. Golpeé la puerta de la bañadera gritando fuertemente: "¡Karla!, ¡Karla!" y me quedé ahí tirado. Podía oír sus pisadas que venía corriendo, y al abrir el acrílico de la bañadera y verme, comenzó a gritar desesperada. Al darse cuenta de que estaba fingiendo, empezó a pegarme. En esa ocasión me dejó de hablar como dos días, pero como nos hemos reído después por eso.

Poder bromear y llevarte bien con tu pareja (tu amigo), es muy importante.

¡CUIDADO ADELANTE!

En otra ocasión, íbamos viajando por la carretera, eran como las dos de la mañana. Había neblina en el camino, y Karla estaba dormida. De repente me asusté mucho porque vi de frente a un trailer que estaba en nuestro carril y ¡venía hacia nosotros! Frené rápidamente, pero noté que conforme avanzábamos, el trailer se alejaba. Al acercarme me di cuenta de que estaba siendo remolcado por otro, y que iba circulando en la misma dirección que la nuestra. Ya que se me pasó el susto, volteé y vi a Karla dormida y se me ocurrió bajar la velocidad para que el trailer se alejara de nosotros, después empecé a acelerar y cuando llegamos justo frente a él, golpeé con fuerza el tablero de la camioneta y grité. ¡Cuidado! Karla abrió los ojos y al ver ahí el trailer justo enfrente de nosotros, comenzó a gritar de tal manera que creí que le había dado un infarto. Yo me seguí riendo como dos semanas, y ella... ¡también me dejó de hablar como dos semanas! Hoy día nos reímos de esas experiencias y forman parte de las memorias que sirven como pegamento a nuestra relación.

Recuerdo otra ocasión en la que fuimos de campamento. Subimos a un monte como a catorce o quince mil pies sobre el nivel del mar. Hacía mucho frío y en la cima había nieve que se derretía formando pequeños arroyos. Nos levantamos a "espiar la tierra", algunos salen a caminar, pero nosotros los cristianos, salimos a "espiar la tierra".

Íbamos con nuestros pequeños. Juliana, la mayor, tenía en ese entonces ocho años, Susana siete y Jonathan cuatro. Al caminar empezamos a cruzar los arroyos hasta que llegamos a uno más grande y Karla dijo: "bueno, hasta aquí llegamos, no vamos a cruzar con los niños", pero yo le dije: "No, hay que cruzar. Yo les ayudo".

¡UN BUEN CHAPUZÓN!

Aunque el agua corría con fuerza, el arroyo no estaba profundo. Para atravesar los otros arroyos los niños y yo corríamos y brincábamos, en cambio Karla, por su altura, sólo tenía que estirar sus piernas para atravesar. Cuando llegamos a este arroyo más ancho Karla cruzó con su estilo normal, su paso estirado. Yo le dije a Susana mi hija: "te voy a tirar al otro lado y tú brincas con tu mamá". La tiré y cayó parada, pero en vez de ir hacia Karla, cayó hacia atrás, dentro del arroyo que corría con fuerza y como Susi no se paraba, la corriente se la empezó a llevar. Karla y ella gritaban, mientras que yo le decía: "¡Párate, párate!" Corrí para sacarla del agua y al tenerla frente a mí, como todo padre amoroso hace, ¡la regañé! Le dije: "Susi, ¿por qué te fuiste para atrás? ¡Yo te tiré bien! Y como la estaba regañando, Karla se enojó conmigo y quitándose su remera para cobijarla, la abrazó para tratar de calentarla y rescatarla de mí. Karla, molesta conmigo, regresó sola al campamento. Cuando ella llegó, yo ya estaba allí con los niños calentándonos en una fogata, eso tampoco fue muy gracioso para ella, ¡pero para mí sí!

Los tiempos con mi esposa y la familia son maravillosos, sin embargo, como mencioné con anterioridad, es importante que todos tengamos una amistad (además de nuestro cónyuge, si estamos casados) con una persona del mismo sexo. Una persona con quien podamos experimentar la vida, tener tiempos de diversión y alguien que esté a nuestro lado cuando enfrentamos retos.

¿CÓMO PUEDO SABER SI ESE AMIGO ES "UN BUEN AMIGO"?

Una amistad duradera tiene las siguientes características:

a. *Los amigos se <u>entienden</u> el uno al otro. Disfrutan estar juntos, tienen un mismo sentir.*

b. *Los amigos <u>no</u> se hacen cosas <u>ofensivas</u> el uno al otro.*

c. *Los amigos se <u>levantan</u> mutuamente.*

d. *Los amigos <u>son leales</u>, aun cuando no esté presente uno de ellos.*

Si tú te das cuenta que un 'amigo' cambia su actitud hacia ti cuando no estás presente, ten cuidado.

e. *Los amigos <u>se defienden</u>.*

f. *Los amigos <u>se sacrifican</u> el uno por el otro.*

Mi mejor amigo se llama Chico y vive en la ciudad de Durango. Hemos sido amigos por más de trece años y hemos pasado por muchas cosas juntos.

Por el año noventa y uno y noventa y dos, empezamos a ir a Cuba a apoyar al pueblo cubano y para ayudar a desarrollar el liderazgo de ahí.

La sexta vez que fui me tocó participar en un campamento para jóvenes en un lugar llamado Pinar del Río. Fui con otras seis personas, Chico era una de ellas. Estábamos en el campamento cuando de repente vino una chica corriendo hacia mí diciendo: "¡Corre Juan! Vengan conmigo porque las autoridades los buscan y vienen por ustedes". Nos escondieron, pero a fin de cuentas nos atraparon y nos llevaron a la prisión a todos. Después de pasar casi toda la noche en Pinar del Río, a la mañana siguiente nos encontramos en la Quita, calle de La Habana, en la cárcel. Y llegó un militar de alto rango y nos preguntó: "¿Quién es el encargado de ustedes?" Y los seis, al mismo tiempo, me señalaron diciendo… "¡Juan!" Obviamente, para ese entonces no les había enseñado principios de liderazgo, como por ejemplo "cómo cubrir la espalda a otros".

¿A LA CÁRCEL?

Nos estaban amenazando con encerrarnos quince años en la prisión por predicar como turistas. El militar me dijo: "te vas a venir conmigo y puedes escoger a alguien que se quede contigo." Volteé a mirar al grupo y ahí estaba... ¡Chico! ¡Mi mejor amigo!

La realidad es que en medio de todo esto, no estábamos realmente asustados, hasta podría decir que nos estábamos divirtiendo.

Vi a Chico con una sonrisa y él me miró como diciendo "NO" "yo regreso a encargarme de las esposas (la suya por supuesto, y también la mía)" pero lo que yo estaba pensando era… "si me quedo aquí en la cárcel quince años, por lo menos tengo que estar bien acompañado con mi buen amigo". Finalmente, gracias a Dios todo se resolvió y nadie se tuvo que quedar ahí.

Quiero decirte que la amistad que yo tengo con Chico es muy fuerte. No tengo que anunciarle que voy a visitarlo ¡su casa es la mía! En cualquier momento, yo sé que puedo contar con él. Y él sabe que puede contar conmigo. ¡Para lo que sea! Ha habido momentos muy difíciles en las vidas de ambos y nos hemos apoyado mutuamente.

Los verdaderos amigos son leales el uno al otro, en las buenas y en las malas.

Lo que muchas veces tenemos es solamente una relación superficial de conocidos, y eso no es realmente una amistad.

David entendió que una de las claves de su vida tenía que ver con quién andaba.

Es necesario que tú también entiendas lo mismo. Una de las claves principales de tu vida es que comprendas que las personas con las que te juntas influenciarán tu vida en gran manera, y los campeones son lo suficientemente valientes como para escoger bien.

5. LOS GRANDES LÍDERES NECESITAN AMIGOS PARA LOGRAR GRANDES COSAS

La grandeza en la vida es el resultado directo de tener amistades fuertes, nadie logra grandes cosas solo. Esas amistades se guardan una gran lealtad, se tienen una alta confianza, se dan una fuerte ayuda mutua y se entregan enormemente uno al otro.

> *"Aconteció que cuando él hubo acabado de hablar con Saúl, el alma de Jonatán quedó ligada con la de David, y lo amó Jonatán como a sí mismo. Y Saúl le tomó aquel día, y no le dejó volver a casa de su padre. E hicieron pacto Jonatán y David, porque él le amaba como a sí mismo. Y Jonatán se quitó el manto que llevaba, y se lo dio a David, y otras ropas suyas, hasta su espada, su arco y su talabarte".* (1 Samuel 18:1-4)

¡ESE SÍ ES UN AMIGO!

¿Te das cuenta que a Jonatán le pertenecía por derecho el trono? Sin embargo, él reconoció la mano de Dios sobre David, e hizo todo lo que estuvo en su poder para ayudarle a tomar la posición que legalmente le pertenecía a él.

¿Tienes amigos de esa clase que te ayudan a acercarte más a tu propósito? Eso es sumamente importante.

JESÚS SÍ

Jesús sí tenía un amigo así. Estando en la cruz le encargó su mamá a Juan, su amigo, para que se hiciera cargo de ella. ¡Imagínate qué clase de relación tenían! Qué amor, lealtad y confianza había entre los dos. Era tal, que Jesús, colgado en la cruz, pudo mirar hacia abajo donde estaba Juan, su amigo (probablemente parado tan cerca que le salpicaba los pies con su sangre), y pedirle que tomara una responsabilidad que duraría toda la vida, con la confianza de que lo haría. ¡Esa es **amistad**!

El ejemplo que nos dan dos hombres líderes: Jonatán y David

a. Jonatán <u>amó</u> a David.

"E hicieron pacto Jonatán y David, porque él le amaba como a sí mismo". (1 Samuel 18:3)

b. Jonatán <u>defendió</u> a David.

"Entonces se encendió la ira de Saúl contra Jonatán, y le dijo: Hijo de la perversa y rebelde, ¿acaso no sé yo que tú has elegido al hijo de Isaí para confusión tuya, y para confusión de la vergüenza de tu madre? Porque todo el tiempo que el hijo de Isaí viviere sobre la tierra, ni tú estarás firme, ni tu reino. Envía pues, ahora, y tráemelo, porque ha de morir". (1 Samuel 20:30-31)

c. Jonatán <u>creyó</u> en David.

"Y Jonatán se quitó el manto que llevaba, y se lo dio a David, y otras ropas suyas, hasta su espada, su arco y su talabarte". (1 Samuel 18:4)

d. Jonatán <u>se comprometió</u> con David.

"Y Jonatán dijo a David: Vete en paz, porque ambos hemos jurado por el nombre de Jehová, diciendo: Jehová esté entre tú y yo, entre tu descendencia y mi descendencia, para siempre. Y él se levantó y se fue; y Jonatán entró en la ciudad". (1 Samuel 20:42)

e. David <u>confió</u> en Jonatán. Había una confianza mutua.

"Al otro día, de mañana, salió Jonatán al campo, al tiempo señalado con David, y un muchacho pequeño con él. Y dijo al muchacho: Corre y busca las saetas que yo tirare. Y cuando el muchacho iba corriendo, él tiraba la saeta de modo que pasara más allá de él".

"Y llegando el muchacho adonde estaba la saeta que Jonatán había tirado, Jonatán dio voces tras el muchacho, diciendo: ¿No está la saeta más allá de ti? Y volvió a gritar Jonatán tras el muchacho: Corre, date prisa, no te pares. Y el muchacho de Jonatán recogió las saetas, y vino a su señor. Pero ninguna cosa entendió el muchacho; solamente Jonatán y David entendían de lo que se trataba. Luego dio Jonatán sus armas a su muchacho, y le dijo: Vete y llévalas a la ciudad".

"Y luego que el muchacho se hubo ido, se levantó David del lado del sur, y se inclinó tres veces postrándose hasta la tierra; y besándose el uno al otro, lloraron el uno con el otro; y David lloró más". (1 Samuel 20:35-41)

f. David le fue <u>fiel</u> a Jonatán y a su familia por generaciones.

"Y vino Mefi-boset, hijo de Jonatán hijo de Saúl, a David, y se postró sobre su rostro e hizo reverencia. Y dijo David: Mefi-boset. Y él respondió: He aquí tu siervo". (2 Samuel 9:6)

g. David se <u>comunicó honestamente</u> con Jonatán.
1 Samuel 20:1-42

¿Puedes hablar honestamente con tus amigos? ¿Puedes decirles la verdad sin que haya pleitos y problemas?

h. David <u>lideró</u> a Jonatán.

"Y David volvió a jurar diciendo: Tu padre sabe claramente que yo he hallado gracia delante de tus ojos, y dirá: No sepa esto Jonatán, para que no se entristezca; y ciertamente, vive Jehová y vive tu alma, que apenas hay un paso entre mí y la muerte". "Y Jonatán dijo a David: Lo que deseare tu alma, haré por ti. Y David respondió a Jonatán: He aquí que mañana será nueva luna, y yo acostumbro sentarme con el rey

a comer; mas tú dejarás que me esconda en el campo hasta la tarde del tercer día".

"Si tu padre hiciere mención de mí, dirás: Me rogó mucho que lo deje ir corriendo a Belén su ciudad, porque todos los de su familia celebran allá el sacrificio anual. Si él dijere: Bien está, entonces tendrá paz tu siervo; mas si se enojare, sabe que la maldad está determinada de parte de él". (1 Samuel 20:3-7)

La verdad es que David no habría llegado a ser ese líder campeón sin su amigo Jonatán. Tampoco Jonatán habría llegado a ser un líder campeón si no hubiera sido por David.

¿HAY UN JONATÁN EN TU VIDA?

¿Tienes un verdadero amigo? ¿Un amigo de tu mismo sexo conforme a la definición de amistad que acabamos de ver? ¿Una relación cimentada en amor, confianza y aprecio mutuo, en la que se levanten el uno al otro?

Si no la tienes, pídele a Dios que traiga a tu vida una persona que pueda ser un verdadero amigo, alguien que añada valor a tu vida y a quien tú le añadas valor. Que se ayuden mutuamente para llegar a ser ese líder campeón.

También quiero animarte a que si al leer estas líneas, te has dado cuenta de que estás en relación con una ó más personas que no te están edificando, **seas valiente** y dejes esas relaciones de una vez para que puedas ser el campeón que Dios te destinó a ser.

Principio 3

Principio de la multiplicación

"Los líderes inspiran a otros al liderazgo"

POR MARCOS WITT Y JUAN VEREECKEN

Juan... ¿SABES POR QUÉ?

¿Sabes por qué me emocionó la idea de escribir este libro? ¡Porque lo ibas a leer tú! Para mí es muy importante que sepas que no tienes que tener una cierta edad para liderar. ¡Eso sólo tiene que ver con quién eres! Si ya te diste cuenta a los trece ó catorce años que eres un líder... ¡ya estarás liderando! Y ese es precisamente el principio de la multiplicación. En los círculos cristianos muchas veces usamos la frase "el discipulado" y cuando oyen eso, los jóvenes piensan: "Dios mío... eso debe ser para la gente que tiene de cincuenta años para arriba", y no es así. El discipulado simple y sencillamente significa multiplicarte en otro, sin importar la edad. Jesucristo tuvo discípulos porque Él se estaba multiplicando en otros.

Marcos... UNO DE LOS EJES

Me siento muy honrado de comentar contigo acerca de la multiplicación, porque este es un principio que ha sido uno de los ejes centrales de mi ministerio a través de más de 23 años que tengo en él de tiempo completo. Este principio lo creo, lo vivo y lo respiro, porque una de las cosas que me propuse llevar a cabo desde que inicié en el ministerio fue multiplicarme en otras personas. Es mi deseo que aprovechen el camino que Dios me ha permitido pavimentar para que otros puedan venir detrás de mí y cosechar bendiciones de alguien que fue delante de ellos para abrirles el paso. Es por eso que me identifico absolutamente con este principio y espero que tú también te identifiques con él.

Todo gran líder ha buscado personas en quienes reproducirse. Sin embargo, es muy triste ver la gran cantidad de líderes que llegan al final de su carrera y de su trayectoria sin haberse reproducido en nadie, y lo que sucede es que cuando ellos mueren, junto con ellos muere la organización, la visión, la fuerza que llevaban, así como todo lo que forjaron a lo largo de su vida y de su ministerio, y todo por no haberse reproducido en otros.

Yo te quiero preguntar algo para que medites en ello. ¿Ya tienes personas en las que te estás reproduciendo? A lo mejor tú piensas: "pero yo sólo tengo dos años de estar en liderazgo" o "sólo tengo seis meses", o tal vez apenas empiezas a descubrir el líder que Dios ha puesto dentro de ti. Nada de eso importa. Todos nosotros necesitamos buscar inmediatamente en quien reproducirnos.

El principio de la multiplicación lo vemos en la vida de todo gran líder. David fue un hombre que supo multiplicarse en los demás. Su ejemplo es extraordinario, así como extraordinario fue el tiempo que le tocó vivir. Era el ungido de Dios y estaba bajo la autoridad de alguien del cual Dios ya había retirado su bendición. Sin embargo, David se mantuvo fiel a su llamado y a su rey; lo seguía reconociendo como el ungido de Jehová, y realmente se dolió por su muerte y lloró por su partida.

¡Qué extraordinario individuo que en vez de levantarse en una revolución o en rebelión en contra de un hombre que realmente estaba en mala condición, entendió su lugar y su papel! Es por eso que consideramos que David es un extraordinario ejemplo para estudiarlo como un gran líder, que supo multiplicarse en otras personas.

El liderazgo siempre atrae personas. De hecho, mientras más amplio es tu manto de liderazgo, más atraídas a ti se sentirán las personas.

Un líder, con un gran manto y una gran capacidad de liderazgo, nunca o muy pocas veces tendrá que recurrir al reclutamiento, las personas por sí mismas se añaden a su visión. Esto se llama la ley del magnetismo.

La ley del magnetismo dice que tú y yo atraemos a las personas que son iguales a nosotros.

Yo soy un visionario, y mi esposa me acusa de que cada día amanezco como con cien ideas nuevas. Casi le atina, ¡amanezco con ciento cincuenta! Así que yo, de manera automática, me junto con gente visionaria, sin embargo no me "nace" juntarme con administradores ni con contadores, ¡a ellos sí los tengo que reclutar!

La ley del magnetismo dice que tú y yo atraemos a las personas que son como nosotros. Por eso es bueno que al vernos al espejo nos preguntemos, ¿qué cosa de mí no me gusta? Porque yo no quiero atraer a gente así a mí. Si eres un gruñón, vas a estar rodeado de gruñones; si te deprimes con frecuencia, vas a estar rodeado de gente deprimida. Leemos en la Escritura:

> *"Yéndose luego David de allí, huyó a la cueva de Adulam; y cuando sus hermanos y toda la casa de su padre lo supieron, vinieron allí a él.*
>
> *Y se juntaron con él todos los afligidos, y todo el que estaba endeudado, y todos los que se hallaban en amargura de espíritu, y fue hecho jefe de ellos; y tuvo consigo como cuatrocientos hombres".* (1 Samuel 22:1-2)

Vemos que los que no creían en David, ni en su casa, ahora lo buscaban en la cueva de Adulam. También vemos llegar a otro grupo de personas, todos con situaciones difíciles, pero con la esperanza de que al estar con David, aprenderían de él.

Juan... *ALGO EMPEZABAN A VER*

¿Te acuerdas de todos los problemas familiares que tenía David? ¿y cómo lo menospreciaban? Vemos ahora que su papá y sus hermanos fueron a la cueva, *"cuando sus hermanos y toda la casa de su padre lo supieron, **vinieron allí a él"**. *Ya empezaban a darse cuenta de que ese muchacho que tenían en tan poco, tenía algo especial y ahora lo buscaban para aprender de él.

Junto con ellos había gente endeudada y amargada. Vamos a ver lo que pasó con David en esa cueva. ¡A mí me fascina lo que pasó ahí! Yo la llamo "La cueva de hacer campeones". En la cueva con David entró gente sin esperanza, que iba huyendo de sus problemas, gente amargada por sus circunstancias, y salieron hechos mata gigantes, generales y guerreros. ¿Qué sucedió en la cueva de Adulam?

El liderazgo verdadero siempre atrae a las personas, las inspira a un mejor nivel de vida, e incluso, a ser líderes ellas mismas. Este fue el caso se David y los cuatrocientos hombres en la cueva de Adulam. Entraron en derrota y salieron inspirados para conquistar nuevos horizontes.

> *"Y David iba adelantando y creciendo, y Jehová de los ejércitos estaba con él.*
>
> *Estos son los principales de los valientes que David tuvo, y los que le ayudaron en su reino, con todo Israel, para hacerle rey sobre Israel, conforme a la palabra de Jehová".* (1 Crónicas 11:9-10)

1. El liderazgo de David <u>ATRAJO</u> personas en quienes invertiría su vida.

   a. *Las personas buscan y reconocen el liderazgo.*

Las señales de un liderazgo verdadero son:

- El liderazgo verdadero <u>cree</u> lo mejor de las personas.
  El verdadero liderazgo cree en las personas y les pone un 10 sobre su cabeza. Cada persona es un triunfador. Cada persona es un campeón porque ha sido hecho a la imagen de Dios. Por lo tanto el verdadero liderazgo respeta a las personas. Cuando tú y yo creemos en la gente se refleja hasta en la manera en la que les hablamos.

Marcos... ¿QUÉ SOMOS?

Un día un líder me dijo: "Bueno, usted ya sabe que uno tiene que andar detrás de las ovejas, uno las tiene que andar correteando". Yo le dije: "espéreme tantito, ¿qué anda haciendo usted detrás de las ovejas? Un líder debe andar delante de las ovejas". Dios no nos llamó a ser arrieros y tampoco compara a su pueblo con ganado. Muchos líderes andan arriando a la gente, ¡a veces hasta a latigazos! El líder verdadero cree en las personas, confía en ellas y ve lo mejor de ellas.

- El liderazgo verdadero <u>da un ejemplo</u> a seguir.

Juan... VIVEN LA VIDA

El liderazgo verdadero vive la vida que predica. No vayas a seguir a una persona sólo porque tiene un título de pastor o líder. Síguela porque vive una vida recta. El liderazgo verdadero debe poner un ejemplo.

- El liderazgo verdadero <u>instruye</u> a las personas, les enseña.
  Un verdadero líder sabe la importancia de instruir a otras personas y lo hace. Toma tiempo para enseñarles todo aquello que les va a ayudar a crecer.

- El liderazgo verdadero <u>faculta</u> a las personas (les da responsabilidad y la autoridad para llevarla a cabo).

Marcos... SON DOS COSAS DISTINTAS.

A mi me encanta la palabra facultar porque es mucho más que delegar autoridad a las personas.

Cuando yo delego a alguien, básicamente es que estoy prestando mi nombre y dando una tarea para que la persona vaya y actúe en mi nombre.

Cuando yo faculto a la persona, no solamente le estoy dando mi nombre y mi autoridad, sino que también le estoy dando mi apoyo, mis recursos, conocimientos y contactos para que esa persona vaya y actúe en su propio nombre, apoyada por mí.

Hay una diferencia muy grande entre facultar y delegar. Yo anhelo que el Señor levante líderes que faculten a otros y no que solamente deleguen. Que cuando Dios levante a uno de nuestros discípulos, no le digamos "ve en mi nombre", sino "ve en tu nombre, con mi apoyo, con mis recursos (esa es la parte que no nos gusta muchas veces) y con mis contactos". Eso es facultar a las personas. Poner en sus manos las herramientas necesarias para que puedan ejercer su liderazgo independientemente de mí. El problema es que muchos que estamos en liderazgo no queremos que nuestros discípulos vuelen, al contrario, queremos que siempre dependan de nosotros creando liderazgos codependientes y poniéndoles un tope. Es por eso que no avanzamos gran cosa en muchos lugares.

Un líder verdadero entiende lo que es soltar a las personas y facultarlas.

ALGO TUVE QUE VER EN ESO...

Necesitamos soltar a la gente, facultarla y dejar que vayan y hagan lo que Dios les ha llamado a hacer y disfrutar el privilegio que Dios nos da de poder decir "alguna vez yo le apoyé con mis recursos y

mis contactos para que pudiera hacer lo que hace el día de hoy"
¡Y que la gloria sea para Dios y para nadie más!

- El liderazgo verdadero <u>asesora</u> a las personas, no las manipula
ni las controla.

¡Qué hermoso es el día en el que nos damos cuenta de que no
somos el gerente general del universo! Y que no tenemos que
"micro-administrar" a las personas.

Hoy en día hay demasiados líderes que mantienen un tope
sobre su liderazgo y conservan pequeñas sus organizaciones porque están tratando de tener el control de cada detalle, en lugar de
soltar, asesorar, dar ideas, e influenciar.

Juan... COMO UN ENTRENADOR

Es como un entrenador que asesora a los jugadores, y los deja en
el campo de juego; y si la jugada no resulta bien... dice: "no hay
porqué preocuparse, vamos a hacerlo de otra manera".

*b. Los líderes potenciales no siempre tienen algo que los identifique
como tales.*

Marcos... NO MIRES SÓLO LO QUE ESTÁ ENCIMA

Hay ocasiones en las que las personas están pasando por algunas
luchas, por tiempos difíciles y nosotros sólo vemos la superficie. Tú
como líder, aprende a ver lo que hay debajo.

El liderazgo puede estar escondido bajo muchas cosas.
Los que siguieron a David estaban:

<u>Afligidos</u>   <u>Endeudados</u>   <u>Amargados de espíritu</u>

¡Este era el ejército de David! Los endeudados, los amargados de
espíritu, los afligidos; ¡eso no es tan diferente de lo que vemos en
nuestras congregaciones! Y muchas veces esa amargura, esa deuda,
y ese rechazo viene por liderazgos equivocados que hubo en las
vidas de las personas. Yo me atrevo a pensar que muchos de los

que vinieron a unirse al ejército de David eran personas que venían huyendo de Saúl.

El liderazgo potencial puede estar escondido debajo de muchas cosas. Tú como líder tienes que rascarle a la superficie y ver más allá. Si llega contigo una persona endeudada y amargada, en lugar de ver la amargura, ve las cualidades que hay debajo. Ve como Dios te puede usar para sacar lo hermoso que tiene dentro.

Juan... Y... ¿QUIÉN NO TIENE PROBLEMAS?

Los que llegaron con David no tenían un letrero que dijera "Yo soy un líder potencial". Ellos llegaron hechos un desastre. Si David se hubiera fijado en la condición en la que venían las personas que estaba entrenando, hubiera dicho. "Esto es una locura, todos tienen demasiados problemas". ¿Quién no los tiene? Si tú no tienes problemas, te regalo algunos de los míos, ¡tengo suficientes! Necesitamos aprender a ver más allá de la apariencia.

c. Los líderes necesitan reconocer el potencial de las personas.

Una persona con potencial tiene las siguientes características:

- Íntegro (carácter)
- Con iniciativa
- Responsable
- Dispuesto a aprender (recibe corrección)

- Comprometido
- Dedicado
- Valiente
- Afable (tiene un buen trato con la gente)

Marcos... SUELE SUCEDER

En las organizaciones cristianas muchas veces tenemos la situación de que cuando un joven tiene una gran idea, y se emociona y la lanza sin preguntar (porque no se pudo contener debido a su impetuosidad y su fuerza) el pastor se molesta porque el joven no pidió aprobación previa para hacerlo.

Si tú eres pastor y al leer esto piensas en alguien de tu congregación que es así, mi sugerencia sería que veas cómo puedes encausar la fuerza de este joven, porque si tiene iniciativa, es un líder en potencia. Lo que necesita es alguien que lo respalde, que le enseñe por dónde meterse, y por dónde no meterse.

Hablando de iniciativa...

Yo recuerdo hace muchos años cuando estábamos empezando nuestra primera escuela en la ciudad de Durango, México, vinieron a mí unos de los directores y me dijeron: "Hay un muchacho que queremos sacar de la escuela". Les pregunté: "¿Cuál es el problema?", "Es que anda armando rebeliones", me respondieron. Yo les dije: "A ver, explíquenme más"; uno de ellos me comentó "Es que nomás levanta un dedo y dice vamos a jugar futbol y van detrás de él como veinticinco muchachos".

Yo me quedé asombrado y les pregunté: "¿Veinticinco muchachos van tras él con tan sólo mover un dedo? ¿Cómo se llama?" "Abel", me respondieron, y agregaron "pero el problema es que se van cuando a él no le gusta una clase".

Yo pensé "...estos académicos" y les dije: "¿saben qué?, con todo respeto ¡qué tontos son ustedes! ¿Cómo no pueden ver que en su salón tienen un gran líder? En lugar de correrlo, siéntense con él y háganlo su aliado, su amigo, y vean de qué manera él puede movilizar a la gente con el 'dedito ese', porque ¡ese dedo está ungido!"

Recibiendo instrucción y corrección

Después de hablar con los maestros, me senté con Abelito y le dije: "A ver, tenemos una situación y necesitamos ver y ajustar algunas cosas..." Después de platicar con él el asunto, su respuesta inmediata fue: "Acepto el desafío".

En un lapso de dos semanas, en vez de sacar a los compañeros a jugar futbol los empezó a convocar para tener vigilias de oración y ayuno.

Los líderes en potencia mueven las cosas para bien o para mal, pero la dirección que tomen depende de cómo los facultemos nosotros los líderes. Hoy en día, cada vez que me lo encuentro me ve con mucho aprecio y me dice: "Marcos, gracias por creer en mí".

Un día su papá vino, me abrazó y dijo: "Quiero decirte que yo te mandé un joven, y tú me regresaste un hombre de Dios". ¿Te das cuenta de lo que eso significa? Muchos jóvenes salen corridos de sus congregaciones cuando lo que necesitaban era ser abrazados por su pastor.

Busca a las personas que tengan esa chispa y ve cómo puedes invertir en sus vidas, cómo puedes asesorarles y facultarles; cómo puedes ser alguien que les de oportunidades, porque tú puedes enseñarles cómo hacerlo, y cómo no hacerlo. ¿Te das cuenta qué privilegio?

2. David <u>INVIRTIÓ</u> tiempo en ellos.

¡Cómo me preocupa cuando escucho a algún líder decir: "bueno, pues ya sabes, tuve que pasar mucho tiempo con la gente. Me gasté el tiempo con ellos".

El tiempo que pasamos con las personas no es un gasto, es una inversión. Cada palabra, cada charla, cada conversación telefónica es importante. Yo tengo el gran privilegio de tener una gran cantidad de gente a la que le envío un correo electrónico. Yo sé que un pequeño correo de tres oraciones cortas, donde yo les anime, les va a ayudar a sostenerse en medio de tiempos difíciles y eso es una buena inversión de mi tiempo.

Esto es lo que puedes esperar al invertir tu vida en las personas:

a. Dificultades: Todos tienen asuntos que superar.

No todo es fácil, no todo es sencillo. Todos tenemos asuntos que superar y cuando tú tienes el gozo de invertir tu tiempo en otras personas, de pronto, los problemas de esas personas van a ser tus problemas.

Así que como se dice: "Sobre aviso, no hay engaño" ¡espera las dificultades!

Todo el que quiere estar en liderazgo tiene que tratar asuntos difíciles.

b. Esfuerzo: Pasar tiempo de calidad cuesta y no se da por casualidad. Se requiere esfuerzo para poder lograrlo.

c. Errores: Son parte del proceso de crecer.

Puedes esperar los errores. Son parte del proceso de crecer, tenemos que pasar por ellos.

No trates de ser el líder que nunca comete errores, todos sabemos que los cometes ¡es tiempo de que tú también lo sepas! Lo mejor que puede haber, es un líder que se pare frente a la gente y diga: "Perdónenme, me equivoqué, cometí un error". A lo mejor te preguntas si hacer eso no debilita tu liderazgo. Déjame decirte que sucede exactamente lo contrario, lo fortalece, porque la gente se da cuenta de que su líder también es humano, de carne y hueso, y "un pedazo de pescuezo". Y eso los anima a seguirse esforzando.

¡QUÉ EJEMPLO!

¡Qué tremendo ejemplo de esto me dio el Señor con mi papá!

Mi papá realmente es mi padrastro, él se casó con mi mamá cuando yo tenía cinco años. Mi padrastro ha sido para mi un gran hombre, un gran líder y un gran ejemplo.

Recuerdo una vez que me dio una "zumba". Sí sabes lo que es eso ¿no? ¡Muy distinto a la "rumba"! Me dio unos buenos fajazos, y en esa ocasión estuvieron mal dados, porque fueron injustos. Y yo recuerdo que antes de que me los diera le dije: "Papá, me estás castigando equivocadamente" y él me respondió, escéptico: "Sí, sí, seguramente". Yo tenía nueve años y después de que me dio esa zumba, él hizo lo que hacía normalmente en esas situaciones, me abrazó, me dijo que me quería mucho y me preguntó si quería decir alguna otra cosa; y le dije: "papá, me castigaste equivocadamente". Eso lo sorprendió porque después de la zumba, una vez consumada la disciplina, siempre salía a la luz la verdad. Además le dije: "...Si tú vas y preguntas, te vas a dar cuenta de que yo no hice eso".

Eso lo sorprendió al grado de que se subió en su carro y se fue al otro lado de la ciudad; tardó como 45 minutos en indagar y regresó. Al llegar vino delante de mí y se arrodilló, me tomó la mano y dijo: "Marcos... no puedo quitarte los fajazos, pero te puedo pedir perdón, te discipliné equivocadamente, perdóname". Y luego me preguntó viéndome a los ojos: "¿Me perdonas?"

¡Eso me impactó tremendamente! Y lejos de bajar ante mis ojos, subió extraordinariamente.

Líderes ¡somos personas! Cometemos errores, la gente a nuestro alrededor va a cometerlos también. ¡Pide perdón! ¡Humíllate! Y no crucifiques a tus discípulos cuando se equivoquen. No siembres lo que no quieres cosechar para tu propia vida.

Juan... CRÉEME

Créeme por favor, tus discípulos van a cometer errores. Recuerda todos los que yo he cometido, lo bueno de todos ellos, fue lo que yo aprendí de Venancio mi mentor, que a pesar de todo, siempre me seguía animando y no me descartaba.

Cuando andaba en la sierra me sucedía que a veces venían personas a pedirme consejo, o a preguntarme sus dudas yo daba las mejores respuestas que podía, pero el problema era que no sabía gran cosa, y sin darme cuenta, con mis respuestas ¡hasta llegué a dividir iglesias! Porque les aconsejaba locura y media. Un novato cree que debe tener o que necesita que tener todas las respuestas. Ahora ya he aprendido. En una situación similar, miro a las personas a los ojos y les digo: "no sé que debes hacer, ora a Dios mucho porque estás bien enredado".

d. Traición: No todos te serán fieles.

Marcos... ES DIFÍCIL DE EXPLICAR

Si te dedicas a discipular a otros, habrá traición. Yo no sé cómo explicártelo de la manera más clara, pero necesitas saber que tarde o temprano te va a tocar beber el trago amargo de la traición. Y ese es uno de los peores tragos que uno tiene que beber; si no lo has bebido todavía... no te preocupes, por ahí viene. Tampoco lo busques, porque viene solito, y muchas veces de la manera más sorprendente. Lo único que te puedo decir es que en esos momentos, van a florecer tus verdaderos amigos y ellos son los que van a estar contigo. ¡Así que dale gracias a Dios por ellos! Y si no tienes amigos, pon en práctica el principio 2 que enseña en cuanto a eso, y ¡ponte a trabajar hoy mismo!

e. Felicidad: No hay nada mejor que ver a los tuyos empezando a caminar por su propia cuenta.

Yo tengo una hija de dieciocho años, ¡está hermosa! y yo estoy entrando a otra etapa de mi vida, la de "espantar a los buitres", contestar llamadas telefónicas para ella que no me gustan y digo que vienen "del infierno", ¿me explico? Ah pero ¡qué felicidad me trae mi hija!

Tengo otro hijo de quince y me encanta platicar y estar con él.

Disfruto estar con cada uno de mis cuatro hijos, verlos crecer y desarrollarse.

¿Sabes la felicidad que da cuando vemos a aquellos en quienes hemos invertido nuestro tiempo, nuestro amor, nuestro esfuerzo y nuestro dinero levantando sus alas y elevarse en vuelo?

¡Es maravilloso tener comunión con tus hijos y con tus discípulos! De hecho, tus hijos deben ser tus primeros discípulos.

f. **Victorias:** *Celebra los avances.*

La tarea de discipular a otros trae victoria; y cuando hay victoria hay que celebrar haciendo fiesta. Festeja los avances, apláudeles, dales el crédito.

g. **Multiplicación:** *Te reproduces en otros.*

3. David se REPRODUJO en ellos.

Enseñamos lo que sabemos y reproducimos lo que somos. David se reprodujo a lo largo de su vida en muchas personas.

4. David SE MULTIPLICÓ al inspirar y desarrollar liderazgo en las personas.

a. David fue un "mata gigantes" y se multiplicó en 3 "mata gigantes".

Veamos la historia en 2 de Samuel:

"Otra segunda guerra hubo después en Gob contra los filisteos; entonces Sibecai husatita mató a Saf, quien era uno de los descendientes de los gigantes".

"Hubo otra vez guerra en Gob contra los filisteos, en la cual Elhanán, hijo de Jaare-oregim de Belén, mató a Goliat geteo, el asta de cuya lanza era como el rodillo de un telar".

"Después hubo otra guerra en Gat, donde había un hombre de gran estatura, el cual tenía doce dedos en las manos, y otros doce en los pies, veinticuatro por todos; y también era descendiente de los gigantes".

"Este desafió a Israel, y lo mató Jonatán, hijo de Simea hermano de David".

"Estos cuatro eran descendientes de los gigantes en Gat, los cuales cayeron por mano de David y por mano de sus siervos".
(2 Samuel 21:18-22)

*b. David fue un hombre valiente y se multiplicó en __3 hombres
valientes__.*

La Escritura nos habla de ello:

*"Estos son los principales de los valientes que David tuvo, y los
que le ayudaron en su reino, con todo Israel, para hacerle rey
sobre Israel, conforme a la palabra de Jehová. Y este es el número
de los valientes que David tuvo: Jasobeam hijo de Hacmoni,
caudillo de los treinta, el cual blandió su lanza una vez contra
trescientos, a los cuales mató".*

*"Tras de éste estaba Eleazar hijo de Dodo, ahohíta, el cual
era de los tres valientes".*

*"Este estuvo con David en Pasdamim, estando allí juntos en
batalla los filisteos; y había allí una parcela de tierra llena de
cebada, y huyendo el pueblo delante de los filisteos",*

*"se pusieron ellos en medio de la parcela y la defendieron, y
vencieron a los filisteos, porque Jehová los favoreció con una
gran victoria". (1 Crónicas 11:10-14)*

c. David fue un caudillo y se multiplicó en __30 caudillos__.

*"Y este es el número de los valientes que David tuvo: Jasobeam
hijo de Hacmoni, caudillo de los treinta, el cual blandió su
lanza una vez contra trescientos, a los cuales mató". (1 Crónicas
11:11)*

*d. David fue un gran guerrero y se multiplicó en __400 grandes
guerreros__.*

David era un gran guerrero, y por eso inspiró a muchos a ser
valientes y a luchar. Él reprodujo sus cualidades en ellos.

e. David fue un hombre fiel y se multiplicó en __todo un ejército__ fiel.

David era un hombre fiel, y como consecuencia, tuvo un ejército fiel que le sirvió a él y a su pueblo valientemente.

Juan... DA UN PASO

Los campeones inspiran a otros a ser campeones. Yo quiero animarte a que desde hoy, sin importar tu edad, tomes a dos o tres que te sigan, y les empieces a enseñar a ser campeones.

Marcos... JESÚS ES NUESTRO EJEMPLO

Jesús fue un vivo ejemplo de la multiplicación. Él tomó a doce hombres y en cuestión de poco tiempo cambió la historia de la humanidad al grado que la dividió en antes y después de Él.

Como Hijo de Dios pudo haber hecho todo solo, pero Él no escogió ese rumbo. Escogió invertir su vida, su tiempo, su esfuerzo y su poder en cada uno de nosotros para que lleváramos su Nombre y su gloria a las naciones de la tierra.

Esto es un ejemplo extraordinario y yo quiero seguirlo, y ¡espero que tú también!

¡Multiplícate en los demás!

Principio 4

Principio de una pasión

"Los líderes viven apasionados y tienen celo por cumplir su sueño".

Dios es un Dios de pasión. Conforme nos acercamos a Él, nos da una pasión por algo que a Él le apasiona, para que así podamos ser su voz y actuar conforme a su voluntad en el mundo.

La pasión puede tener diferentes orígenes. A veces puede surgir como respuesta a un problema o necesidad que existe, también puede surgir la pasión por un ideal, una causa o un grupo de personas. Por lo que sea, cuando hay pasión, uno se esfuerza por hacer una diferencia en cuanto a ello. Cuando sentimos pasión por algo, no podemos dejar de hablar de eso debido a que está dentro de nuestro corazón, y de la abundancia del corazón habla la boca.

El principio de la pasión nos enseña que los verdaderos líderes viven apasionados y tienen celo por cumplir su sueño.

Es muy necesario que aprendamos a tomar las decisiones correctas basadas en nuestro propósito, en la dirección que Dios está hablando a nuestras vidas. Esa es la única forma de lograr éxito, persiguiendo el propósito de Dios. Cuando descubrimos cuál es, y caminamos hacia ese propósito, la pasión crece conforme avanzamos. Ser una persona apasionada es el resultado de ser valiente al perseguir el propósito de Dios para nuestra vida.

En una ocasión que regresábamos de un viaje mi hija Susana y yo, íbamos platicando acerca de su futuro, de qué iba a hacer en su vida y me preguntó: "¿cómo puedo saber cuál es el propósito de Dios para mí?" Le contesté: "Susi, eso es muy sencillo ¿qué te apasiona?"

En realidad, nosotros nos complicamos mucho tratando de averiguar la voluntad de Dios para nosotros y es tan sencillo como responder a esta pregunta: ¿Qué te apasiona?

Cuando camines hacia ello, verás cuál es el propósito de Dios para ti. La pasión y el propósito de la vida son hermanos, siempre van juntos. Donde uno está, el otro también; donde hace falta uno, también falta el otro.

¡NO TE COMPLIQUES!

Dios nos formó a cada uno de nosotros para tener pasión por aquellas cosas que están relacionadas con el propósito de nuestra vida. Hay personas que se apasionan hablando de computadoras. Otras se emocionan cuando hablan de la medicina; algunos cuando escuchan acerca de ir a lugares donde nadie ha predicado el Evangelio. Tu pasión siempre estará relacionada con tu propósito. ¿Qué te apasiona? ¿Con qué sueñas? ¿Qué hace que te levantes en las mañanas con expectación? Eso es lo que tienes que descubrir, porque el noventa y nueve por ciento de las veces ese es el rumbo por el que debes ir encaminándote.

Si Dios me formó como soy, para poder hacer ciertas cosas, no es de extrañarse que lo que a mí me apasiona tiene que ver con el plan de Dios para mi vida ¡es lógico!

"Bueno es mostrar celo (o pasión) en lo bueno siempre, y no solamente cuando estoy presente con vosotros." (Gálatas 4:18)

¡Si hay algo que nuestra generación necesita es tener una pasión!

Mencioné anteriormente a Venancio, ese hombre indígena que con el paso del tiempo se convirtió en mi mentor. Yo era un joven novato de 21 años cuando llegué a la sierra a aprender de él. Venancio había sido un brujo de magia blanca hasta 1935, el año que recibió a Jesucristo y sin más preparación que una educación que sólo llegaba hasta el segundo año de primaria, comenzó a recorrer la sierra y a compartir el Evangelio con su gente. Cuando lo conocí, él tenía entre ciento cincuenta y doscientas iglesias. Yo lo acompañaba recorriendo las montañas, visitando sus iglesias, y caminábamos grandes distancias predicando la Palabra. Él me ponía a compartir con todos y eso me infundía mucha confianza.

Pasó el tiempo y salí de Ixmiquilpan con mi familia siguiendo la dirección que Dios nos estaba dando; y cuando ya vivíamos en otra ciudad, un día recibimos una llamada telefónica del hijo de Venancio avisándonos que su papá estaba grave en el hospital y que quería verme.

Inmediatamente nos fuimos Karla y yo a verlo. Después de ocho horas de carretera llegamos como a la una de la mañana al hospital. Subí por un elevador al tercer piso. Entré a su habitación y estaba ahí en su cama, conectado a un aparato de suero y varios tubos alrededor. Al verme me dijo: "Xuha" "Xuha". Ese es mi nombre en el dialecto otomí. Me acerqué a su cama y le dije "Jefe" (yo siempre le decía así), "aquí estoy". Me pidió que me aproximara más y me dijo "Sácame de aquí Xuha". Me sorprendí por su petición y le respondí: "Jefe, no te puedo sacar de aquí, tienes varios tubos conectados, si te saco me meto en muchos líos". No importaban las razones que le diera, él seguía insistiendo: "Sácame de aquí y vamos otra vez con nuestra gente", y en su insistencia, él comenzó a agitarse. Traté de tranquilizarlo y lo abracé. Yo intentaba distraerlo platicándole de otras cosas, pero al rato se acordaba otra vez y con lágrimas en los ojos me volvía a pedir: "Vámonos con la gente, a ver cómo están, vamos a recorrer los caminos de oro otra vez". Esos caminos a los que Venancio llamaba de oro ¡eran de puro polvo! Y algunas otras cosas de caballo, mula y todo eso.

Sin importar lo que hiciera para distraerlo, él me seguía pidiendo que nos fuéramos a arriesgar otra vez, porque definitivamente nos arriesgábamos cada vez que recorríamos esos lugares. Muchas veces nos trataron de matar de diferentes maneras.

Y cada vez que Venancio insistía con la idea de irnos de ahí, yo le volvía a explicar que eso no era posible.

Y él, siendo un hombre de ochenta y cuatro años, con un cuerpo acabado, y en cuenta regresiva para irse al cielo, todavía tenía dentro de él un fuego tremendo y una gran pasión por regresar a su sierra y andar entre su gente para ver que estuvieran bien encaminados en el Señor.

Después de un largo rato, lo abracé, oré con él y me fui. Karla me estaba esperando en el carro, porque no le habían permitido entrar. Desde que salí de ese cuarto, algo estaba pasando en mi corazón. Yo iba hablando con el Señor y le dije: "¿cómo es posible que Venancio de ochenta y cuatro años, a punto de morir, tenga más pasión que mi generación?" Y yo hice un pacto con el Señor, y le dije: "desde esta noche en adelante yo voy a retar a mi generación para que se levante en pasión y deje que ese fuego interno arda".

Cuando llevábamos quince minutos en nuestro camino de regreso, nos llamaron para avisarnos que Venancio ya se había ido con el Señor.

Al día siguiente en el sepelio había como cinco mil personas dentro de la iglesia. Cuando llegó el momento, llegaron ocho hombres para levantar su ataúd y llevarlo a sepultar. Al salir de la iglesia me di cuenta que había un mar de personas, no se podía ver el principio ni el fin. Llegamos al panteón y no cabía la gente que llegaba de la sierra de cinco estados. Y todo porque un hombre había impactado sus vidas grandemente. Venancio fue uno de los primeros otomíes que conoció a Cristo en 1935. Cuando él falleció se calcula que había más de 250.000 creyentes entre ellos. ¡Ese es el resultado de la pasión!

El liderazgo no es una profesión, es una pasión, tiene que ser algo que arde dentro de nosotros.

Yo hablo con muchos jóvenes cada año, y veo que están cansados de ver líderes "profesionales" que hablan una cosa, pero viven otra. La pasión no sólo impacta tu hablar, también tu actuar.

¡Corazón de campeón se trata de un liderazgo apasionado!

David fue un joven con una gran pasión por Dios, y aunque se equivocaba y cometía errores, amaba a Dios con todo su corazón. Y es por eso que se dice de David que era un hombre tras el corazón de Dios.

CINCO VERDADES ACERCA DE LA PASIÓN EN LA EXPERIENCIA DE DAVID

1. Las personas sin PASIÓN no hacen mucho ni motivan a otros a actuar.

No hay nada que desanime más a otros que una persona apática. La mediocridad es lo contrario a la pasión. Mediocridad significa llegar a la mitad.

Las personas que no viven apasionadas no van a hacer gran cosa en la vida. Por eso me encanta dar este material a la juventud, porque si hay algo que un joven debe tener es pasión. Como mencioné anteriormente, yo cometí demasiados errores al principio de mi ministerio, pero una cosa sí te aseguro ¡los cometí con mucho entusiasmo! Lo bueno es que tuve muy buenos líderes a mi alrededor que no se asustaron al ver mi pasión, sino que ayudaron a encaminarla correctamente. Ahora que ya tenemos más de veinte años en el ministerio, sigo teniendo una gran pasión, pero enfocada, porque me ayudaron a entender cómo debía hacer las cosas.

Joven ¡apasiónate! Vive apasionado, con fuego adentro para hacer lo que Dios ha puesto delante de ti. No hagas nada a la mitad.

¿Te acuerdas de Saúl?

Cuando estaban en el valle de Ela, en guerra y escondidos de los filisteos. Puedo imaginar en la escena a dos soldados detrás de un árbol y un soldado diciéndole a otro: "Oye, pues qué dura está la guerra ¿verdad?" y el otro contestando: "Si, el enemigo está muy bravo, ¿verdad? Oye, ¿por qué no estamos peleando? Tenemos armas, un enemigo, una causa, ¿qué pasa?" El otro tal vez le contesta, "pues si Saúl no pelea, yo tampoco me arriesgo". Y de repente, llega por ahí un muchacho caminando y me imagino que le dicen: "¡Agáchate!" "¿Qué no ves que estamos en guerra?"

David encuentra al ejército de los filisteos y al de Israel frente a frente. Saúl tiene a su ejército en orden para pelear, sin embargo no hay guerra. ¿Por qué? Porque el líder siempre marca el paso; aunque había orden, estructura y una buena causa, la falta de pasión en el líder lo detuvo todo. Era necesario un cambio de líder para motivar al ejército.

Conocemos la historia, David sale y mata a Goliat, le corta la cabeza y hasta ese momento el ejército de Israel se atreve a salir contra el enemigo. Un liderazgo "profesional" y apagado no los llevó a nada, y un liderazgo apasionado los motivó a actuar. Ciertamente el ejército era el mismo y el enemigo también, lo único que había cambiado era el líder.

Yo quiero hacer un paréntesis para aclarar que al referirme a liderazgo "profesional", no quiero decir que los que estamos en liderazgo apasionadamente, no actuemos con excelencia y profesionalismo. ¡Definitivamente debemos hacerlo! Cuando me refiero a liderazgo "profesional", estoy hablando de una actitud de liderar simplemente "porque ese es mi trabajo".

a. Saúl no ejercitó su liderazgo con pasión.

Un líder puede cometer muchos errores, pero liderar sin pasión, sin entusiasmo, es uno de los más graves.

Saúl era un rey "profesional" con todo lo que eso implica, usaba su corona y seguramente daba sus discursos. Su apariencia física era imponente, pero no tenía una pasión en su corazón, por eso la gente no actuaba.

Es muy importante que lo que hagamos sea hecho con pasión, de no ser así, es preferible que cambiemos de actividad.

Necesitamos un liderazgo que esté apasionado a pesar de lo que esté pasando en su vida, a pesar de sus circunstancias personales. ¿Quién no tiene problemas? Pero a pesar de ellos, debemos liderar con pasión.

b. Las personas bajo el liderazgo de Saúl __NO__ superaron su nivel de ánimo.

¿Por qué? Porque el liderazgo siempre pone la pauta.

c. La falta de pasión trajo __estancamiento__ en el plan de Dios.

El estancamiento no vino por la falta de una estrategia o un plan, sino por falta de pasión, debido a que estaban bajo un liderazgo "profesional"; es decir, bajo alguien que era líder "por profesión", título y puesto ¡Y Dios prefirió un joven apasionado!

Hoy en día tenemos una generación con pasión por hacer algo por el Señor, pero desgraciadamente, a veces ven un liderazgo apagado y se desaniman; por otra parte, ven a un músico, todo loco, tocando música rara y... ¡lo siguen!

¿POR QUÉ?

Porque ese músico loco toca con una gran pasión y eso es precisamente lo que necesitan ver.

Un día entrevistaron al cantante de un famoso grupo de rock y le preguntaron: "¿Qué necesitas para halar a las multitudes?"

Su respuesta fue: "Tres cuerdas y fuego".

¡Ése cantante sabe más que nosotros! Con tres cuerdas y fuego ¡la gente se va tras él!

Nosotros los líderes podremos cambiar nuestro alrededor, solamente si tenemos fuego dentro de nosotros.

LA CUEVA DE "FUEGO" EN ADULAM

David tenía fuego, por eso muchos lo iban a buscar cuando estaba en la cueva de Adulam. Porque esa gente tenía problemas, y sabía que alguien con pasión los podía ayudar.

d. El poco ánimo en el liderazgo produce **confusión** *y* **miedo.**

Saúl estaba escondido, así que todos los demás también. Los hombres estaban confundidos a pesar de que eran los guerreros más entrenados para la guerra de todo Israel.

Cuando el liderazgo no es ejercido con pasión entra confusión en los que lo siguen.

Seguramente aquellos dos soldados se preguntaban uno a otro: "¿Qué estamos haciendo?" "pues... ¡quién sabe!"

"Oyendo Saúl y todo Israel estas palabras del filisteo, se turbaron y tuvieron gran miedo". (1 Samuel 17:11)

e. *Saúl tuvo que ser <u>reemplazado</u> por un nuevo líder.*

2. La pasión mueve a las personas.

En el libro "Las 21 leyes irrefutables del liderazgo", hablando de la Ley de la Conexión, John Maxwell hace la siguiente observación: "Los líderes no pueden mover a las personas a la acción sin antes moverlas con la emoción". Solamente los líderes apasionados pueden apasionar a otras personas.

Lo que mueve a las personas es la pasión, no es la lógica, ni siquiera la doctrina. ¡Sólo una pasión por el Señor Jesús las mueve a actuar!

Jesucristo vivía apasionado. Fue al templo y volteó las mesas de los que cambiaban monedas. Dice la Biblia en el Evangelio según San Juan 2:17 que al ver esto, los discípulos recordaron la Escritura que dice en cuanto a Jesucristo, *"el celo* (la pasión) *de tu casa me consume". Había una pasión que ardía en su corazón. Por eso me emociona tanto darme cuenta de que Dios está levantando a una nueva generación. Podemos cometer muchos errores, pero no podemos permitirnos el de no tener pasión.*

a. *David motivó al ejército de Israel a <u>actuar</u> a través de su <u>pasión</u> manifestada al matar a Goliat.*

b. *David, con su pasión, motivó a 600 hombres a <u>actuar</u>, aún después de que habían perdido todo y lo querían matar.*

Cuando David y sus hombres regresaron a Siclag, encontraron que todo estaba quemado y que se habían llevado cautivos a sus esposas e hijos. Todos estaban desesperados y buscando culpables, y en la opinión de todos, David tenía la culpa y decidieron apedrearlo. Sin embargo, la actitud de David, después de fortalecerse en Dios, fue la de animarles a recuperar todo. El buen ánimo que tuvo convenció a 600 hombres de no apedrearlo y de seguirlo a la guerra nuevamente. (1 Samuel 30:1-9)

Un líder apasionado inspira a las personas a hacer lo correcto, las inspira a lo bueno, a acercarse más al Señor y a levantarse a hacer algo.

LO QUE SUCEDIÓ EN LA SIERRA

Yo recuerdo años atrás, cuando vivíamos en la sierra de Hidalgo, conocí a un hombre llamado Felipe.

Felipe era un pistolero que trabajaba para un cacique de la sierra que se llamaba don Pancho, quien era el dueño de todas las casas de aguardiente en cinco estados de México.

Un buen día, alguien le habló a Felipe de Jesucristo y él lo recibió en su corazón. Dejó las pistolas para llevar la Biblia y caminar por la sierra compartiendo a todos el mensaje de amor que había recibido. Y año tras año, él siguió predicando las buenas nuevas en los mismos lugares donde antes mataba. Cuando yo lo conocí me pareció que era un hombre dulce y muy amable, y con frecuencia me pedía que orara por su gente.

En una ocasión me pidió que lo acompañara a compartir con algunos hombres, con la esperanza de que al oír el mensaje por medio de alguien más, lo recibirían. Así que lo acompañé. Cuando llegamos vi como a cien hombres recargados en un muro. Felipe me presentó y yo me dirigí a ellos como por diez minutos para hablarles del amor de Cristo. Todos tenían una cara como de piedra, y yo estaba pensando: "...esta gente no está recibiendo nada". Al terminar les hice una pregunta: "¿quién de ustedes quisiera recibir a Jesús como Señor y Salvador?" Hubo unos segundos de silencio, y después un hombre dio un paso al frente y me dijo: "mira joven, si al atardecer no te has ido de aquí, te vamos a matar". Yo volteé a ver a Felipe mientras pensaba: "...¡yo ya me voy!" "como no tengo una palabra específica del Señor pidiéndome que me quede, ¡me voy!"

Y me fui. Como uno o dos meses después, estábamos Karla y yo en la casa y llegaron a darnos malas noticias, diciendo: "…el otro día se metieron en la choza de Felipe estando él allí, con su esposa y su hijo Ricardo. A Felipe lo pusieron contra una de las paredes, y a su esposa y a su hijo contra la otra. Los hombres le dijeron a Felipe: 'si no niegas a Jesús te vamos a matar'". Felipe no lo negó, así que lo mataron allí mismo, frente a su familia.

Karla y yo no pudimos ir a su entierro, pero me platicaron que fue muchísima gente. Al terminar el mensaje de despedida a Felipe, su hijo Ricardo, de trece años, se dirigió a la gente y les dijo: "Ustedes fueron testigos del cambio que hubo en la vida de mi papá. Él amaba a la gente de este pueblo, más que a la de ninguno otro, y ustedes lo saben. Y oraba todas las noches por todos los de aquí. Así que mañana yo voy a hacer una reunión en mi casa".

Al día siguiente, llegaron cuatro hombres, dos de ellos eran de los que me habían amenazado aquel día que fui con Felipe y ahí mismo recibieron a Cristo. En las semanas siguientes se añadieron más y más personas.

Hoy en día, Ricardo está casado; lo vi hace unos meses y me dijo emocionado: "Juan, la iglesia ha seguido creciendo, la gran mayoría del pueblo ha recibido a Jesucristo como Señor y Salvador y los que mataron a mi papá, ¡ahora son mis ancianos y mis diáconos!"

¡QUÉ TREMENDO!

Ricardo vio actuar a un líder apasionado, su papá, que a pesar de ser una persona sin educación ni letras, era un hombre apasionado y por eso su hijo siguió sus pisadas.

¡Lo que necesitamos hoy en día es pasión!

c. David <u>*contagió*</u> *a 400 hombres a ser apasionados como él en la cueva de Adulam.*

La pasión que ardía en David inspiró a estos hombres a ser consumidos por una pasión más fuerte que los problemas que tenían cuando llegaron a la cueva.

d. *Con pasión David* lideró *a todo Israel para terminar de tomar la tierra que les fue prometida desde los tiempos de Moisés.*

¿Te das cuenta de que la ciudad de Jebus que ahora conocemos como Jerusalén, Dios se la había prometido a su pueblo desde el tiempo de Moisés, y nadie la había tomado? Sin embargo, cuando llegó a ser rey, David inmediatamente lideró a su gente para hacerlo.

Conocemos la historia, cuando llegó al muro, desde ahí le gritaron: ¡los cojos y los ciegos te echan de aquí! A pesar de todo, David tomó la ciudad, por lo que es conocida como "la ciudad de David". ¡Nadie lo había podido hacer antes! pero él lo logró por ser un líder apasionado.

> *"Entonces marchó el rey con sus hombres a Jerusalén contra los jebuseos que moraban en aquella tierra; los cuales hablaron a David, diciendo: Tú no entrarás acá, pues aun los ciegos y los cojos te echarán (queriendo decir: David no puede entrar acá)".*
>
> *"Pero David tomó la fortaleza de Sión, la cual es la ciudad de David".*
>
> *"Y dijo David aquel día: Todo el que hiera a los jebuseos, suba por el canal y hiera a los cojos y ciegos aborrecidos del alma de David. Por esto se dijo: Ciego ni cojo no entrará en la casa".*
>
> *"Y David moró en la fortaleza, y le puso por nombre la Ciudad de David; y edificó alrededor desde Milo hacia adentro".*
>
> *"Y David iba adelantando y engrandeciéndose, y Jehová Dios de los ejércitos estaba con él". (2 Samuel 5:6-10)*

3. La pasión requiere enfoque

¿Sabes por qué hay muchos jóvenes que se desvían del plan de Dios e incluso de la vida cristiana? Porque se ponen a hacer algo que no tiene nada que ver con su pasión.

De mis cuatro hijos, tengo dos que ya son jovencitas y no es mi responsabilidad como papá decirles a qué se dediquen. Mi deber hacia ellas y hacia cada uno de mis hijos es ayudarles a encontrar su pasión en la vida y apoyarles para que la desarrollen.

FÍJATE EN UN FOCO

A mayor enfoque, más intensidad (o poder) se produce.

Si reduces el área de alcance de una luz y lo comprimes hasta un punto, obtienes luz láser. ¿Sabías que con ese láser cortan acero, e incluso los doctores hacen cirugías? ¿Qué es? Es luz enfocada. Entre más se enfoca, más se concentra y su intensidad aumenta, se hace más fuerte.

Si al leer este principio de la pasión, tú has estado pensando: "está bien este principio de la pasión, pero yo no la tengo". Es muy probable que no tengas enfoque en tu vida. Entre más enfocado estés, más intensidad (pasión) tendrás en cuanto a algo.

¡ESA ES LA CLAVE!

La clave de la pasión es el enfoque.

Mientras más te enfoques, más pasión tendrás, ¡te lo garantizo!

Pasión + Enfoque = Resultados

4. La pasión es un requisito en el liderazgo, no una opción.

Lo que la Biblia dice de pasión y liderazgo:

a. Jesús se cubría de pasión.

*"Pues de justicia se vistió como de una coraza, con yelmo de salvación en su cabeza; tomó ropas de venganza por vestidura, **y se cubrió de celo como de manto"**. (Isaías 59:17)*

La Escritura dice que Jesucristo se vestía con un manto de celo, se cubría con un manto de pasión.

Tener pasión es una decisión. De la misma manera como decido ponerme un saco y me visto con él, yo decido vestirme de celo y pasión, como lo hacía Jesucristo. Él decidió vivir apasionado. La pasión es una decisión, no un sentimiento.

b. Muchas veces la diferencia entre el éxito y el fracaso es el ánimo. Josué 1:6, 7,9.

Cuando Josué iba a guiar al pueblo de Israel, entre todas las instrucciones que necesitaba, Dios le dio la más importante. "Josué ¡ten ánimo!, ¡apasiónate!". No te preocupes por los "cómo". Dios nunca le hubiera pedido que se apasionara si no lo pudiera hacer.

MEJOR ES TENER BUEN ÁNIMO

Para comprobar esto te hago una pregunta. ¿Qué hubiera pasado si al volver a Siclag David hubiera estado igual de deprimido que el resto de los hombres y alguien más se hubiera levantado a animarlos y a decirles que Dios les regresaría todo lo que se habían llevado? ¡Ese hombre hubiera sido el nuevo líder! El liderazgo y la influencia no se logran sin tener pasión.

El ánimo muchas veces es lo único que separa el éxito del fracaso.

c. Entre más alto es el nivel de liderazgo, más importante es una actitud de buen ánimo.

"Por esto, ya que por la misericordia de Dios tenemos este ministerio, no nos desanimamos". (2 Corintios 4:1 [NVI])

Debido a que somos líderes, no podemos darnos el lujo de desmayar o desanimarnos; eso es lo que está explicando Pablo aquí. Entre más alto es el nivel del liderazgo, más importante es mantener el buen ánimo.

d. El que está al frente necesita liderar con <u>celo</u>.

*"Si nos pide animar a los demás, debemos animarlos. Si de compartir nuestros bienes se trata, no seamos tacaños. **Si debemos dirigir a los demás, pongamos todo nuestro empeño.** Y si nos toca ayudar a los necesitados, hagámoslo con alegría".* (Romanos 12:8 [BLS])

*"Esfuércense, no sean perezosos y sirvan al Señor **con corazón ferviente** (apasionado)".* (Romanos 12:11 [DHH])

Hay muchas cosas que te van a pasar en la vida, y tal vez no entiendas algunas de ellas y no sabrás qué hacer, pero te aseguro que si puedes tratar con tu propio corazón para no desanimarte ¡puedes vencer todo!

¿Sabes por qué mi esposa y yo llevamos tantos años viviendo en México? No es porque seamos muy inteligentes, o muy buenos ¡es por pasión! Tenemos una fuerte pasión por hacer lo que Dios ha puesto en nuestros corazones.

Como mencioné anteriormente, nuestro primer año en México estuvo lleno de problemas y situaciones, pero no por eso nos regresamos, sino que decidimos perseverar.

También recuerdo cuando empezamos a ir a Cuba ¡tuvimos tantos problemas! Pero también teníamos tantas ilusiones por lo que Dios estaba haciendo allá.

En una ocasión nos deportaron sellándonos el pasaporte y amenazándonos de que nunca regresáramos y en caso de hacerlo, nos aseguraron que nos esperaban quince años de cárcel.

Unos días después de regresar deportados, entraron a robar a nuestra casa en Guadalajara, nos intervinieron la línea telefónica, e intentaron secuestrar a uno de nuestros hijos. Tanta fue la presión contra nosotros, que, aunque yo me quedé, tuve que mandar a mi familia a otro país por cinco meses, pero no por eso nos detuvimos.

Pasados ocho meses, una noche antes de regresar a Cuba, estaba sentado en la cama recordando la amenaza de los quince años de cárcel, pero había una pasión tan fuerte en nuestro corazón que no podíamos renunciar. Al día siguiente Karla y yo nos despedimos sin saber qué pasaría. Desde ese entonces... ¡he regresado como treinta veces! Si estás pensando: *¿cómo pudo ser? Tenían tu nombre, tus datos.* Si tú caminas conforme a lo que Dios te ha llamado ¿crees que Él no va a responder?

Ahora veo lo que el Señor nos ha permitido hacer en Cuba, y me maravillo; tantas escuelas enseñando liderazgo a tantas personas, y amigos que hemos podido bendecir por toda la isla. Y te confieso algo, lo que sabía hacer cuando recibí al Señor era manejar un trailer. Soy una persona ordinaria y muy común, lo que nos ha mantenido es que vivimos apasionados, porque cuando estás apasionado ¡Dios puede hacer todo lo demás! Sin embargo, si nos desanimamos, Él tendrá que remplazarnos como tuvo que hacerlo en el caso de Saúl.

¡Vive tu vida radicalmente apasionado por lo que Dios ponga en tu corazón!

5. La pasión por Dios sobrepasaba cualquier otra pasión que David tenía.

Dios era su <u>meditación.</u>

David meditaba constantemente en Dios, los Salmos son una prueba de ello. Y conforme se enfocaba y meditaba en Él, su pasión por Él crecía.

La presencia de Dios (el arca) era su <u>anhelo.</u>

Lo primero que hizo David cuando conquistó Jerusalén fue ir por el arca. El arca era la presencia tangible de Dios en la tierra, ¡David anhelaba la presencia de Dios!

Demostraba su pasión con <u>alabanza</u>.

Yo creo que eso es lo que le encantaba a Dios de David. Cuando tomó la ciudad de Jerusalén hizo lo necesario para traer el arca que simbolizaba la presencia de Dios. Él reconoció que no podía ser un buen rey sin la presencia de Dios ahí con él.

Así que se quitó sus vestiduras reales y los sacerdotes le instruyeron para hacerlo, "hay que alabar a Dios y después de cada siete pasos, es necesario sacrificar un holocausto". ¡La mayoría de nosotros a las tres horas ya nos habríamos agotado! Sin embargo, David lo hizo durante meses sin parar con una gran pasión, porque los verdaderos líderes viven apasionados y tienen celo por cumplir su sueño.

Principio 5

Principio de la elección de pareja

"La persona con quien te casas determinará
tu nivel de liderazgo e influencia."

La elección de la pareja es uno de los asuntos más importantes de nuestra vida. Tal vez eres soltero y no entiendes mucho del matrimonio ni de la importancia que tiene la elección de tu pareja, pero por favor ¡créeme a mí! Es sumamente importante.

Karla y yo tenemos más de veintiún años de casados y tenemos un matrimonio increíble. Obviamente no somos perfectos, todavía la tengo que corregir de vez en cuando, ja,ja,ja... y... ¡ella también me corrige a mí! pero seguimos creciendo y ¡vamos bien! Ella para mí es un regalo, y yo para ella también; somos un regalo el uno para el otro, y entendemos que solamente juntos podemos tener un impacto fuerte con nuestras vidas e influenciar a otros.

Joven, por favor créeme, la elección de tu pareja es sumamente importante. No quiero dar a entender con esto que tienes que tener miedo, ¡yo me casé a los veinte años! Y si la hubiera conocido antes... ¡me hubiera casado antes!

¿Por qué los jóvenes hoy en día esperan tanto tiempo para casarse? Me atrevo a decir que es porque están mal instruidos y han visto malos ejemplos y tienen miedo.

En varias ocasiones he oído a jóvenes que dicen: "Yo estoy disfrutando mi soltería", como si casarse fuera un castigo. He oído otros que dicen: "bueno, pues ni modo, algún día tendré que casarme". Déjame decirte que no hay nada mejor que estar felizmente casado.

Veamos que podemos aprender de David en cuanto al matrimonio.

En la cultura de los tiempos de David se practicaba la poligamia. Sabemos que ese no es el plan perfecto de Dios ¡ni siquiera es una buena idea! Sin embargo, podemos aprender mucho de las experiencias que David tuvo en sus matrimonios.

La primera esposa de David fue Mical, una mujer que se ganó por matar a Goliat; aunque realmente le fue dada en sustitución por su hermana, ya que Mical amaba a David, y a él le pareció bien casarse con ella "para ser yerno del rey". Es obvio que los motivos de David eran equivocados. Más adelante vemos que Mical, aunque amaba a David, estaba más comprometida con su familia paterna que con David, porque aunque estaba casada con él, Mical todavía hacía lo que le decía su papá. Después de un tiempo Saúl le dijo que dejara a David para casarse con otro, y ella así lo hizo.

Betsabé fue otra esposa de David. Desde el comienzo, esta relación fue un desastre. Nació en un día de pereza del rey David y en un espíritu de lascivia en ambos. Su relación al principio estaba basada sólo en el aspecto físico, lo que llevó al rey a cometer pecado sexual y asesinato. Las consecuencias fueron severas para ambos por el resto de sus vidas.

Podemos darnos cuenta de que en el matrimonio con Mical, además de que David se casó por los motivos equivocados, el problema fue que no hubo compromiso de ella hacia David. Y en el caso de Betsabé, el problema fue que la relación estaba basada solamente en la atracción física.

La historia fue diferente con Abigail, una mujer que conoció por casualidad y resultó que era una joya ¡La historia es fascinante!

En 1 Samuel 25 leemos que Abigail era la esposa de un hombre insensato, quien de hecho se llamaba así, Nabal, que significa insensato o tonto.

Un día David le pidió ayuda a Nabal en reciprocidad por la ayuda que recibieron sus esquiladores de mano de David y sus hombres cuando estuvieron con ellos en el campo. Y lejos de ayudarles, Nabal los menospreció.

David enojado, reaccionó diciendo: "...Yo he ayudado a ese hombre, y ahora él viene a hacerme un mal, me ha afrentado, así que yo lo voy a matar a él y a todo varón que esté allí". Al mismo tiempo vemos que por medio de un criado, Abigail se da cuenta del incidente y sale con regalos y provisiones para encontrarse con David antes de que llegue a matar a Nabal. Cuando llegó con David, se postró ante él, y desde entonces llamó su atención, y maravilló a David.

Abigail lo trató con mucho respeto, porque sabía que era el ungido por Dios para reinar, y mientras ella hablaba, le hizo ver a David que él estaba por encima de tomar venganza por asuntos como ese, y le pidió que no se bajara al nivel de Nabal, porque luego, todos verían que David había buscado venganza. Y suavemente comenzó a corregirlo y le ayudó a no cometer un grave error. Le habló la verdad con sabiduría, causando el asombro de David y aplacando su enojo. Dice la Biblia que después de recibir los presentes que Abigail le llevó para él y sus hombres, se dio media vuelta y se fue.

David quedó muy impresionado porque esa mujer tenía algo que ninguna otra mujer que había conocido, incluyendo a su esposa Mical. Tenía un compromiso con Dios... ¡era una mujer impresionante! declaró cosa alguna

Pasados unos días, le llegó la noticia a David de que Nabal había muerto. ¿Sabes que dijo David cuando lo supo? ¡Bendito sea el

Señor! Y mandó a unos hombres a buscar a Abigail, y se casó con ella.

Había ciertas características, virtudes y valores en la vida de Abigail, que David no había visto en otras mujeres. Cuando David se encontró por casualidad con ella y vio aquellos atributos, no pudo sacarla de su mente, David había aprendido con sus errores anteriores que lo que tenía Abigail como persona era lo más importante. Si David ya lo había aprendido, ¿por qué no aprenderlo tú también?

UNA DE LAS COSAS MÁS IMPORTANTES

La decisión con quién te vas a casar es una de las decisiones más importantes que tomarás en toda tu vida. Uno debe aprender, buscar consejo y pedir la dirección del Espíritu Santo para escoger a su pareja sabiamente. Hay pocos parámetros bíblicos, pero bastantes principios prácticos. Un parámetro establecido por Dios se encuentra en Números 36:6, y en 2 Corintios 6:14. Básicamente, ambos versículos dicen lo mismo, que uno debe casarse con una persona de su mismo género, es decir un cristiano con una cristiana y viceversa. La Biblia habla de unirse en 'yugo igual'. Yo personalmente creo que aún entre dos cristianos puede haber un yugo desigual, y te quiero explicar porqué. Conozco a personas que han aceptado a Cristo como su Salvador, pero por alguna razón, Cristo no es su Señor, y ellos mismos rigen sus propias vidas. Por otra parte, hay personas que han aceptado a Cristo no solamente como su Salvador, sino también como su Señor y Él es el que rige sus vidas. Así que yo veo que esas dos personas van en dos direcciones muy diferentes y aunque los dos confiesan a Cristo, es un yugo desigual debido a los rumbos tan distintos que han tomado. Sé sabio para escoger a tu pareja. Acércate a personas que tengan buenos matrimonios. Pregúntales cuáles cosas son las importantes en cuanto a una persona y cuáles no lo son. A veces yo platico con jóvenes y les pregunto cómo les gustaría que fuera su futuro esposo (a) y me describen una apariencia física. Yo me río, porque la verdad eso no es lo importante. Claro que debe haber una atracción, pero nuestra apariencia cambia todos los días de nuestra vida. Las cosas importantes son otras.

A continuación veremos algunas virtudes importantes que encontramos en la vida de Abigail, virtudes que debes buscar en la persona con quien pasarás el resto de tu vida, pero ¡OJO! Si quieres a alguien con esas cualidades ¡es **porque tú también las tienes!**

¿LISTOS?

1. Abigail estaba <u>COMPROMETIDA</u> con Dios por sobre todas las cosas.

Esta virtud es la número uno, porque es... ¡la número uno!, la más importante. Que Dios sea el número uno en su vida. Fíjate muy bien, no estoy diciendo que se 'llame' cristiano. Desgraciadamente conozco a muchos jóvenes que se llaman cristianos, sin embargo, Dios no es el número uno en sus vidas. No se someten a la Palabra, fácilmente violan los principios que hay en ella, viven como mejor les parece... y ¡se congregan el domingo! Yo estoy hablando de que busques a alguien para quien Dios sea realmente la prioridad más alta de su vida; no que sea una persona perfecta, sino una que cuando se equivoca, se arrepiente y sigue adelante. Una persona que persigue a Dios con todo su corazón pues hacer su voluntad es el anhelo de su propio corazón. Si encuentras a alguien así... ¡cásate!

A lo mejor estás pensando: "es que no hay jóvenes así". Desgraciadamente tienes algo de razón, hay muy pocos, pero te aseguro que si encuentras a una persona que pone a Dios primero, te va a ir bien. Así que, grábalo, escríbelo en carteles, escríbelo en tu frente,

¡en todas partes! Si él o ella, no está comprometida con Dios **por sobre todas las cosas...** ¡ni caso le hagas!, ¡no le prestes atención! No te guíes por la apariencia. Por más guapo o bonita que sea, si Dios no es número uno en su vida ¡olvídalo! No te engañes pensando que lo vas a "convertir" o pensando "...bueno, al menos le caen bien las cosas del Señor", esos argumentos ¡deséchalos!

Yo tengo tanto respeto por Karla, ella viene de una familia increíble, mis suegros son fabulosos y han sido un ejemplo para mi vida en muchas áreas.

Mi esposa es una mujer comprometida con Dios por sobre todas las cosas y si no fuera por su compromiso con Dios y hacia nosotros, ya no estaríamos casados. ¡Yo encontré una joya! Hemos enfrentado situaciones que ni te imaginas, y ha sido su compromiso con el Señor lo que me ha fortalecido a mí en muchas ocasiones. De la misma manera, mi compromiso con el Señor, a ella también la ha fortalecido. Tú puedes decirme todo lo que quieras acerca de la elección de tu pareja, como que "tiene que haber química" y todo eso, y sí, definitivamente tiene que gustarte estar con la persona, pero esa "química" no los va a sostener en los tiempos difíciles; lo que los va a sostener es tener un compromiso con el Señor y el uno para con el otro.

TE LO VOY A HACER SIMPLE

Busca a una persona comprometida con Dios por sobre todas las cosas y ¡enamórate de ella!

A lo mejor estás pensando: "...ay, qué rara 'doctrina' es esa". Llámalo como quieras, pero es la verdad. Lo he visto vez tras vez.

La historia de Abigail es fascinante. Ella estaba comprometida con Dios por sobre todas las cosas y eso incluía su pacto con su marido. Ella no estaba coqueteando con David, ni dándole a entender que si algo le pasaba a Nabal, podría haber algo entre ellos. Abigail mostraba su compromiso con su marido al hablar...

*"y se echó a sus pies, (de David) y dijo: 'Señor mío, **sobre mí sea el pecado**... (de mi marido Nabal)." (1 Samuel 25:24)*

Para aclarar un poco más este asunto, quiero que veamos las características que tiene una persona que está comprometida con Dios.

a. *Una persona comprometida con Dios hace lo <u>correcto</u> sin importar las circunstancias.*

Yo soy una persona que viajo mucho, y ¿sabes cuántas oportunidades hubiera tenido de cometer adulterio? ¡Muchas! Pero nunca lo he cometido. La única mujer en mi vida es Karla, y sólo con ella voy a estar, porque yo tengo un compromiso con Dios y con mi esposa. Tengo un compromiso de hacer lo correcto no importando las circunstancias, sienta o no. ¡Así tiene que ser!

Así que, busca a una persona que realmente esté comprometida con Dios y haga lo correcto. No importa si el pastor lo está viendo o no. No importa lo que esté pasando alrededor. No te confundas, una señal de que alguien está comprometido con Dios, es que está convencido de qué es lo correcto y lo hace. No le interesa quién lo ve, o si está sólo. Su compromiso es con "Uno" y se llama su Padre Celestial.

En otras palabras,

b. *Una persona comprometida con Dios, por sobre todo <u>obedece</u> la Palabra y los principios que hay en ella.*

Además, una persona que tiene ese tipo de compromiso...

c. *Tiene una <u>hermosura</u> interna inexplicable. Aunque esto es muy subjetivo, voy a tratar de explicarlo. Una persona que está comprometida con Dios por sobre todas las cosas tiene una* *hermosura interna. Su hermosura resplandece en su trato con otras personas, en la manera que habla, y en su porte personal. Es una hermosura inexplicable pero fácilmente identificable. A veces lo llamamos nobleza, a veces no sabemos cómo llamarlo y sólo decimos que la persona es especial.*

d. *Tiene una **firmeza** en su estilo de vida. Es una persona emocionalmente estable. Es firme y no fluctuante. No es fácilmente afectada por las circunstancias o retos que enfrenta todos los días.*

e. *Una persona comprometida con Dios, **ama** genuinamente.*

Una persona que ama genuinamente es abnegada, es decir, que busca el bienestar del otro primero. A veces he platicado con jóvenes que ya se van a casar y les pregunto. "… ¿y por qué te vas a casar con ella?", y me responden: "es que me 'llena', me hace sentir bien". Y yo les digo: "pues déjame decirte que estás 'requete mal'. El compromiso que vas a adquirir con ella es para que tú la hagas feliz y la llenes, viviendo para darle a ella, no para que te de a ti, te estás casando por los motivos equivocados".Las personas que se casan por lo que la otra persona les pueda dar, se frustran después de poco tiempo.

Busca una persona que ame genuinamente y que tenga los motivos correctos. Vivimos en una sociedad egoísta a quien sólo le importa el "yo". *Qué me das. Cómo me haces sentir.*

Una persona que pone a Dios primero, busca el bienestar del otro, ama genuinamente.

Cuando digo genuinamente, estoy hablando de que ama en todo tiempo.

Como lo he mencionado anteriormente, mi esposa y yo tenemos más de veintiún años de casados y tenemos cuatro hijos. Primero nació Juliana, después Susana, y luego Timoteo… ¡por fin un varón! Yo estaba muy emocionado y como todo buen papá cuando le nace un varón, empecé a planear todo lo que iba a poder hacer con él, como jugar a las luchas, enseñarle a cazar venados, jugar a la pelota... estaba muy ilusionado porque por fin iba a tener alguien con quien hacer todo eso que tanto me gusta.

ALGO INESPERADO

Pasó el tiempo, y Timoteo cumplió cinco meses. En ese entonces estábamos viviendo en la ciudad de Guadalajara. Era un día ordinario, yo salí temprano a trabajar y como a las 9 de la mañana recibí una llamada telefónica en la que me dijeron: "Juan, ve al hospital inmediatamente porque Timmy está grave, Karla lo acaba de llevar allá". Cuando llegué me encontré a Karla en un pasillo, declarando la Palabra de Dios. Le pregunté qué pasaba. Me dijo que Timoteo estaba muy mal, que lo encontró inconsciente en la cuna, teniendo repetidas convulsiones. No entendíamos qué estaba sucediendo. En ese hospital no pudieron hacer gran cosa, así que tuvimos que volar con él a la ciudad de Chicago, para que lo atendieran en un hospital especial para niños. Estuvimos ahí siete días, en los que lograron estabilizar los síntomas de Timmy. Días después tuvimos una junta con varios médicos, incluyendo entre ellos a un psicólogo, y nos explicaron lo siguiente: "Su hijo tuvo una enfermedad llamada encefalitis, es un virus que ataca el cerebro causándole inflamación y provocando la muerte de las partes inflamadas. Desgraciadamente, Timoteo perdió gran parte de sus funciones cerebrales. Nunca va a ver, no va a caminar, no les va a reconocer. También necesitan saber que va a tener un temperamento muy agresivo y va a afectar tremendamente su vida familiar. Las estadísticas de divorcio en casos como este son como del 95%. Sus otros hijos tendrán que enfrentar problemas psicológicos por lo estresante de la situación..." etc., etc.

Y por si eso fuera poco, para finalizar, nos recomendaron que internáramos a Timmy en un hospital especial y nos olvidáramos de la idea de que viviera con nosotros. Después de esto, nos entregaron a nuestro bebé y con él, un montón de cuentas que teníamos que pagar.

Y dicho, y hecho. Timoteo gritaba las 24 horas del día. Teníamos que darle gotas para que se durmiera y Karla y yo nos turnábamos para descansar. Estábamos atravesando los tiempos más difíciles de nuestra vida. Yo tenía serios conflictos en mi corazón. No estábamos en el país a donde Dios nos había llamado y ahora nuestro hijo se había convertido (según yo) en una "maldición" para nuestras vidas. Todo estaba fuera de control y mi vida era un desastre.

Karla y yo empezamos a tener fricciones por el cansancio y no sabíamos qué hacer. Éramos dos muchachos con dos hijas y un bebé enfermo. Después de uno o dos meses, había aumentado la presión, la agresividad entre nosotros y el cansancio así que... nuestro matrimonio iba directo al pronóstico que los médicos nos habían dado.

Yo quiero confesarte que en ese tiempo yo tenía resentimiento contra mi hijo. Y yo veía a Karla, que tomaba a Timoteo, lo abrazaba y lo amaba, y no me podía explicar cómo era posible que ella pudiera hacer eso. Yo todavía era un hombre bastante duro, sin embargo, Dios comenzó a obrar en mi vida por medio de eso que estábamos viviendo. Hubo muchas veces en las que pensamos que lo más fácil era "tirar la toalla" y seguir cada quien por su camino.

Un día, en medio de esos tiempos sumamente difíciles, salí de la casa y me fui a un campo grande, lleno de nieve. Me tiré de espaldas y miré al cielo y empecé a gritarle al Señor: "¡Si tú quieres que regrese a México, vas a tener que hacer un milagro. Tú haces el milagro de sanar a Timoteo y nosotros nos regresamos a dar testimonio!" Lo que yo estaba haciendo era tratar de "torcerle el brazo" a Dios, diciéndole lo que tenía qué hacer. El Señor me habló y esto fue lo que me dijo: "No Juan, tú eres el que necesita el milagro, eres muy duro y estás a punto de rendirte por una circunstancia que vino a tu vida".

El Señor comenzó a mostrarme cosas y hasta ese momento pude darme cuenta de mi condición y ese día yo me arrepentí y comenzó un proceso de cambio en mi vida. No te puedo decir que ese día cambió todo, pero sí que ese día comenzó un cambio.

Yo regresé diferente. Le dije a mi esposa: "Karla, no nos vamos a divorciar, vamos a tener un buen matrimonio. Nuestros hijos no van a tener problemas psicológicos, van a ser normales; amarán a Dios y lo servirán. Y desde este momento vamos a comenzar a hacer algo para crecer, para enriquecer nuestras vidas. Tendremos a Timoteo con nosotros durante toda su vida y vamos a creerle a Dios por un milagro creativo, y desde ahora, hasta que llegue... ¡vamos a vivir felices!"

Desde ese día comenzamos una nueva etapa en nuestra vida. Empezamos a vivir de manera diferente. No te puedo decir que cada día hemos vivido algo glorioso, pero esto, sí te puedo asegurar: Yo he visto a Karla cargar en sus brazos y **amar** en todo tiempo a nuestro hijito Timmy... ¡por dieciséis años! Constantemente, no importa si está sano o enfermo, ella está pendiente de él. Nosotros no tenemos una vida familiar como las demás familias. No podemos hacer ciertas cosas que otras familias hacen sin siquiera pensar, cosas tan comunes como de ir todos a un restaurante, Timoteo nunca va. Él y yo jugamos diferente, hasta tenemos nuestro propio idioma, es algo muy especial para mí. Yo ya he cambiado, ahora puedo ver lo maravilloso que es nuestro hijo. Y si me conoces personalmente, te darás cuenta de que soy medio gritón, pero ¡es porque a Timmy le gusta!

Cuando llego a la casa, él casi siempre está ahí, en su silla de ruedas, comiendo con su mesa frente a él. Y lo primero que hago es gritarle... ¡Ey! y Timo se emociona y comienza a sacudir su cabeza, vuelan comida y saliva por todos lados; si tú lo ves, tal vez dirías ¡qué desastre! Pero yo lo veo y digo... ¡ese es mi hijo!

No puedo decirte que hemos visto el milagro creativo por el que hemos estado creyendo, pero ha habido avances y pequeños milagros.

Karla y yo, lejos de estar divorciados, estamos más felices y enamorados que nunca. Si tú conocieras a mis hijos, te darías cuenta de que no tienen problemas psicológicos ¡Estamos más felices que nunca! Y yo tengo que atribuirle esto a un gran Dios y a una mujer que está comprometida con Él por sobre todas las cosas. Karla me ha enseñado tanto a través de su amor genuino hacia todos.

Necesito decirte que tú no sabes lo que te espera en la vida, y espero que nunca pases por una situación así, pero sin duda te va a tocar atravesar circunstancias difíciles, problemas y crisis, y si tú te unes a alguien sólo porque "está guapo", en el momento crítico... ¡se va a ir! Todo lo exterior no vale gran cosa cuando se trata de enfrentar los asuntos de la vida real.

¡Busca una persona comprometida con el Señor por sobre todas las cosas!

Esta ha sido la clave de nuestra vida: nuestro compromiso con el Señor, y es por eso que hemos salido adelante, a pesar de todas estas circunstancias.

Una persona comprometida con Dios ama genuinamente, no importando la situación. Te ruego que busques una persona así ¡tu futuro depende de ello!

Otra característica de una persona comprometida con Dios por sobre todas las cosas como Abigail es que...

2. Tenía buenos <u>VALORES</u> personales.

En 1 Samuel 25 podemos ver que Abigail tenía convicciones personales, era una persona:

a. *<u>Honesta</u>: La Biblia nos muestra que era una mujer que hablaba la verdad: "No haga caso ahora mi señor de ese hombre perverso, de Nabal; porque conforme a su nombre, así es. El se llama Nabal, y la insensatez está con él; mas yo tu sierva no vi a los jóvenes que tú enviaste". (v. 25).*

¿SABÍAS QUE...?

La honestidad produce confianza. Y la confianza es el cimiento de toda relación. No es el enamoramiento, aunque muchas veces lo creamos así. Es la confianza. Yo he hablado con diferentes personas que a lo mejor no traen las emociones muy desbordadas entre ellos, pero hay una confianza mutua y sobre ese cimiento, trabajan en la relación y crece.

También he hablado con personas que aman a su pareja genuinamente, pero no le tienen confianza y viven un infierno.

QUIERO PREGUNTARTE ALGO...

Hablando de tu relación con Dios, piensa ¿qué fue primero? ¿Lo amaste, o confiaste en Él?

¡Confiaste! Alguien te dijo que hay un Dios en el cielo que te ama y por eso envió a su Hijo a derramar su sangre para limpiar tus pecados y resucitó...te dicen todo el mensaje de salvación y después de meditar en ello, tomas una decisión y dices: "bueno, confío que eso es verdad y lo recibo para mi vida". Y debido a que confiaste, entraste en relación con Él, y una vez que entraste en relación con Él... ¡te enamoraste!

Es lo mismo en toda relación. La confianza es sumamente importante, crea el cimiento necesario sobre el cual es estable una relación. La honestidad es indispensable para poder tener confianza en una relación. Si estás interesado en alguien que "te está contando cuentos", ¡déjalo! Va a arruinar tu vida, destruyendo la confianza que le has depositado. Pregúntale a alguien a quien su pareja le haya mentido cometiendo adulterio. Mejor busca una relación basada en la confianza genuina.

Otro valor que Abigail tenía es que era:

b. _Humilde_: *Una persona humilde es alguien que está dispuesto a reconocer sus errores y cambiar. Vemos que en el versículo 23 dice… "Y cuando Abigail vio a David, se bajó prontamente del asno, y postrándose sobre su rostro delante de David, se inclinó a tierra". ¡Qué humildad! Y vemos que ella se humilla por lo que hizo alguien más. Una cosa es reconocer tus propios errores y humillarte, y otra cosa es hacerte responsable por los hechos de alguien más. OJO mujeres: Nosotros los hombres tenemos la tendencia de ser orgullosos. A veces nos es muy difícil decir: "perdón, me equivoqué" y reconocer nuestros errores. Si estás saliendo con alguien a quien se le dificulta aceptar la responsabilidad por sus acciones equivocadas, CUIDADO porque tú tendrás que ser la equivocada siempre. Yo sigo practicando esa frase para que cada vez me cueste menos trabajo decirla, "perdón, me equivoqué".*

c. _Recta_: *Abigail era una mujer recta, lo leemos en el versículo 25: Cuando habló con David le expuso lo que pasó, sin tratar de cambiar las cosas.*

d. _Generosa_: *Busca una persona que no sea tacaña, porque si lo es, tendrás muchos problemas. Encuentra a alguien que de generosamente, no sólo en el área financiera, también en otras áreas, como la de la comunicación, por ejemplo. Abigail sabía dar a otros con liberalidad: "Y ahora este presente que tu sierva ha traído a mi señor, sea dado a los hombres que siguen a mi señor". (v. 27).*

MAYONESA Y PAPEL DE BAÑO

Con seguridad recuerdas el problema que yo tenía en cuanto a la generosidad cuando Karla y yo nos casamos. Era de lo más tacaño que te puedas imaginar. Tuvimos tantos problemas en nuestro matrimonio de recién casados por mi culpa, porque NO era nada generoso, y menos con Karla. Según yo, para ahorrar dinero y comprar más barato, compraba todo por mayoreo. El problema era que no teníamos mucho dinero y cuando comprábamos algún artículo por mayoreo, no quedaba dinero ni para comprar lo más indispensable, ni siquiera para comer. En una ocasión me acuerdo que tuvimos un gran pleito porque yo quería comprar una **cubeta** de mayonesa porque era más barata por kilogramo, pero como eran varios kilos, tenía que pagar mucho más que por una mayonesa tamaño normal, y eso implicaba quedarnos sin dinero suficiente para comprar otros alimentos. Pues, yo me salí con la mía y nos llevamos la mayonesa a casa. ¡Pobre Karla! nos quedamos sin dinero para comprar otros alimentos ¿Qué tantas combinaciones de platillos con mayonesa se pueden preparar? Esa cubeta de mayonesa nos duró todo un año y después tuvimos que regalar lo que nos sobró porque nos mudamos a otro país.

En otra ocasión estaba usando el baño y sucedió que ya no había papel, me molesté tanto que decidí irme a comprar papel de baño. También era más barato por mayoreo, entre más grande la caja, más barato salía, así que no podía resistir comprar la caja más grande que había. Después de comprar esa caja me di cuenta de que no cabía en mi carro, así que la tuve que amarrar en el techo. Imagínate todos los carros mirándome con 1000 rollos de papel de baño por la autopista. Supongo que pensaban: "¿Qué problema tendrá este pobre hombre que necesita tanto papel?" Usamos ese papel de baño todo el año y también tuvimos que regalar lo que quedaba a nuestros amigos cuando nos mudamos a otro país.

Todo eso creó un problema entre Karla y yo como te puedes imaginar.

Si yo no hubiera cambiado mi concepto del dinero, sólo Dios sabe lo que hubiera pasado con nosotros. Mi falta de generosidad (es mi manera bonita para decir que era 'tacaño en extremo') impactó nuestro matrimonio en una forma sumamente negativa. Busca gente generosa en todo.

e. _Responsable_: Abigail era una persona que sabía tomar la responsabilidad, no sólo por sus acciones, sino también por las de su marido.

"...*te ruego que perdones a tu sierva esta ofensa; pues Jehová de cierto hará casa estable a mi señor, por cuanto mi señor pelea las batallas de Jehová, y mal no se ha hallado en ti en tus días*". (v. 28).

f. _Prudente_: Abigail no era una mujer impulsiva, tenía la sabiduría para saber cuándo debía actuar y cuándo no.

"Y Abigail volvió a Nabal, y he aquí que él tenía banquete en su casa como banquete de rey; y el corazón de Nabal estaba alegre, y estaba completamente ebrio, por lo cual ella no le declaró cosa alguna hasta el día siguiente". (v. 36).

g. _Afable_: Ella sabía tratar bien a las personas. Lo vemos a través de la narración de su historia. (vv. 23-26).

Otra cualidad de Abigail que debes notar es que:

3. Ella INSPIRABA a otros a la grandeza.

Abigail inspiró a David a hacer lo correcto. ¿Sabes que si David hubiera ido a matar a Nabal con todo ese enojo, a lo mejor la historia de David hubiera sido diferente? Sin embargo, fue inspirado a hacer lo correcto por los buenos consejos de Abigail. El ejemplo contrario lo tenemos en Jezabel, que inspiraba a su marido Acab a hacer lo malo. Lo podemos leer en 1 Reyes 21:25 (Versión Dios habla hoy). *"No hubo nadie como Acab, que, **incitado por su esposa Jezabel**, sólo cometió malas acciones a los ojos del Señor".*

Vez tras vez vemos este principio tan importante, la persona con quien te casas, influenciará tu vida grandemente. Te va a inspirar a grandeza o a vileza, pero ten por seguro que te va influenciar.

Otra cosa muy importante...

4. Tenía un corazón para <u>SERVIR</u> a otros.

Busca una persona que tenga un corazón para servir a otros porque eso...

a. Produce <u>grandeza</u>. Recuerda que Jesús dijo, ¿quieres ser primero en mi Reino? Sirve a otros.

b. El servicio también abre los corazones de otros a nuestro <u>mensaje</u>. ¿Quieres ganar personas para Cristo? ¡Sírveles!

Recuerdo un hombre que está casado con una mujer que no se interesa en servir a otros, sólo se interesa por ella misma. Su lema es: "primero yo, después yo y por último yo". Este hombre es una persona increíble y tiene un gran potencial, pero ¿sabes qué? No puede desarrollarlo porque está casado con una mujer que sólo se interesa en sí misma. Su pareja limitaba su impacto hacia otros. ¡Busca una persona que se interese por otros!

c. Un corazón de servicio a otros <u>ejemplifica</u> la vida de Jesús y...

d. Da la <u>plataforma</u> que se necesita para influir en otros. ¿Quieres influir en otros? ¡Sírveles!

e. Un corazón de servicio es <u>esencial</u> para tener un buen matrimonio y para poder impactar a esta generación como pareja.

Quiero hacer énfasis en estas dos palabras: **como pareja.** Dos personas que se sirven mutuamente, y que sirven a otros, tienen la marca de autenticidad de una pareja genuina que va a impactar a su generación. Si tú te casas con una persona que no quiere servir, vas a quedar muy limitado, porque tu matrimonio te va a ayudar a influenciar o te va a restar influencia.

Escoge bien, y no tengas miedo de ir con alguien que respetas a preguntarle qué piensa de alguien que te interesa. Hay gente con más experiencia que tú que te puede ayudar. Mis dos hijas ya son jóvenes, tenemos una relación abierta con ellas y hemos hablado de estas cosas; les he dicho que no teman preguntarnos a Karla y a mí, porque nuestros años de experiencia sirven para algo.

Busca a alguien de tu confianza y pregúntale su opinión de la persona que te interesa, antes de iniciar una relación emocional con ella. ¡No tomes a la ligera la elección de tu pareja!

Dios une a dos personas para cumplir su propósito con ambos. Dios no unió a Karla a la vida de Juan, para cumplir el propósito de la vida de Juan. Es para que juntos podamos cumplir nuestro propósito, como individuos y como pareja.

El matrimonio no es una relación en un solo sentido. Entiendo que muchas señoritas tienen miedo de casarse porque tienen cerca ejemplos de relaciones equivocadas. Cuando la Biblia habla del hombre como cabeza del hogar, está hablando de autoridad, no de propósito. Karla tiene un propósito por el que Dios la hizo, y yo, como su marido, tengo la responsabilidad de ayudarle y apoyarle para que llegue a todo lo que Dios tiene para su vida, y es lo mismo de su parte hacia mí. Entonces, los dos unidos como pareja, cumplimos un gran propósito. Este matrimonio no es sólo para Juan, tampoco para Karla. Es para que unidos como pareja, cumplamos el propósito de Dios.

Dios te une a una persona para que juntos logren grandes cosas. Escoge bien, y no tengas miedo de casarte joven si encuentras a la persona que llena esos requisitos.

¡Dios tiene un plan perfecto para tu vida! Y tiene una persona para ti.

Si ya estás casado, tu cónyuge es el propósito de Dios para ti. Estos consejos para elegir pareja son para los solteros que no han elegido. No vayas a pensar: "...ah no, mi marido no es así, mejor busco otro". Tu esposo es la voluntad de Dios para ti. Si oras por él, él llegará a ser esa persona.

Después de la salvación, el matrimonio es el regalo más grande que Dios nos da. ¡Es increíble! Recuerda que Dios lo inventó. No tengas miedo de casarte.

Hay quienes dicen: "yo voy a quedarme soltero porque Dios es mi todo" Yo quiero que pienses en esto...si Dios podría haber sido el todo de Adán, entonces ¿para qué hizo a Eva? Y... ¿por qué le diría a Adán que no era bueno que estuviera solo?

Dios para mi es todo en cuanto a mi relación espiritual, Él suple mis necesidades más profundas, pero yo soy un ser humano que vivo aquí en la tierra, por eso Dios está contento de que esté felizmente casado con Karla.

Dios quiere que te cases. A lo mejor dices... ¿y qué del don de continencia?... Todavía no he conocido a una persona que lo tenga, así que no sé mucho de eso. ¡Cásate!

Principio 6

Principio de la obediencia

"El liderazgo nace y crece incubándose en el servicio a otros, siendo obediente y fiel a Dios y a su plan."

El liderazgo nace y crece incubándose en el servicio a otros. Cuando decimos incubándose, estamos hablando de un lugar que no está a la vista de todos, tal vez secreto, que no todos pueden ver, y donde nadie está aplaudiendo, es ahí donde el verdadero liderazgo se desarrolla.

Es muy importante que no apresures ese tiempo de incubación de tu liderazgo. Te mencioné con anterioridad que hace veintitrés años, yo comencé sirviendo a Venancio, el hombre indígena de 69 años. Ahí nadie me veía cuando subía sudando por las montañas para predicar en pequeñas iglesias y llevando la Palabra a lugares donde no se había compartido el evangelio. En ese tiempo mi liderazgo estaba siendo incubado, estaba cubierto, escondido y estaba siendo probado para ver si yo sería fiel a esas personas y a sus ministerios. Es cuando eres fiel que tu liderazgo empieza a crecer.

Y... ¿QUIÉN DIJO QUE HAY PRISA?

Joven, es sumamente importante servir a otros. No nos apresuremos para estar en las luces. No tengas prisa de que tu liderazgo salga a vista de todos, no pienses que todo el mundo tiene que saber de ti. La verdad es que yo prefiero subir por los cerros para llevar a alguien el evangelio, que estar dando una conferencia a miles.

Sin embargo, es importante que vayamos caminando según lo que Dios nos va marcando.

Que nuestra actitud simplemente sea… "yo voy a servir, haré lo que tenga que hacer, y cuando esté listo, Dios me va a llevar a influenciar de una manera más amplia".

Si hay algo que sobresale en la juventud de David es su obediencia a Dios y su largo proceso hacia la grandeza. Esa obediencia lo llevó a serle fiel a Saúl, a pesar de que él intentó matarlo en varias ocasiones. Esa obediencia también lo detuvo de adelantar el plan de Dios, a pesar de que otros lo animaban a matar a Saúl cuando lo encontró dormido en una cueva. Esa obediencia es lo que Dios vio cuando dijo que había encontrado a "un varón conforme a su corazón." Como dice la Escritura:

> *"Quitado éste, les levantó por rey a David, de quien dio también testimonio diciendo: He hallado a David hijo de Isaí, varón **conforme a mi corazón**, quien hará todo lo que yo quiero". (Hechos 13:22)*

¿Qué significa ser conforme al corazón de Dios? Dios nos da la respuesta, *"quien hará todo lo que yo quiero".* La clave es: obediencia. David obedecía a Dios y, por eso, halló la gracia de Él para su vida.

La obediencia de David al plan de Dios se vio a través de:

1. <u>**PERSEVERAR**</u> **ante las dificultades, el abandono, e incluso cuando su vida estaba en peligro.**

La obediencia a Dios te lleva a permanecer firme y perseverar, aún cuando no entiendes lo que está sucediendo.

La perseverancia viene como resultado de la obediencia. ¿Por qué? Porque cuando Dios me dice algo y soy obediente, la obediencia a Dios me lleva a tener que vencer para llegar hasta el fin.

Habrá situaciones y problemas en tu vida, y es la obediencia a Dios lo que te hará seguir adelante y continuar, a pesar de las circunstancias contrarias.

Yo puedo decir con honestidad que la única razón por la que sigo haciendo lo que hago es por perseverancia, porque cuando tomas la decisión de creerle a Dios y decides ser lo que Él dice que eres, siempre vas a encontrar obstáculos.

LOS OBSTÁCULOS POTENCIALES QUE PUEDE HABER AL PLAN DE DIOS PARA TU VIDA PUEDEN SER:

a. _La familia:_ _Muchas veces es la familia la que trata de desanimar a una persona para que no persiga el plan de Dios para su vida. A lo mejor te preguntas ¿...mi familia? ¿Por qué? Porque te conocen, te ven todas las mañanas al levantarte con los pelos parados y caminando chueco. Te ven cuando cometes errores. Saben cuáles son tus áreas fuertes y tus áreas débiles. Y cuando llegas a platicar con ellos, te dicen: "¿Qué es lo que dices que Dios quiere que hagas...?" "...¿qué sueños son esos?" "¡Estás mal!"_

¡Eso es lo que pasó con Jesús! Por eso Santiago fue su discípulo hasta después de su muerte. Él no podía aceptar quién era Jesús y decía: "... ¿cómo es posible? pero ¡si yo lo conozco!" "¿Cómo que es el Hijo de Dios?, es mi hermano carnal".

Yo me acuerdo cuando le dijimos a mi familia que Dios nos estaba llamando a ser misioneros y les dimos la noticia: "Nos vamos a vivir a México". Su reacción fue de sorpresa "... ¿qué?"

Y por varios años cuando íbamos con la familia de vacaciones insistían en preguntarnos: "¿cuándo regresan?"

Muchas veces tu familia no te va a entender: "...¿cómo que tú eres un líder?" "¿Cómo que quieres ser presidente?" "¡Estás loco!"

La familia de David quería jalarlo, ¡pero hacia abajo! No creían en él. A tal grado su papá no veía el potencial que había en él, que lo mandó al desierto para cuidar ovejas y ni lo llamó a ver la visita especial que llegó a su casa para ungir un rey.

Al principio de nuestro matrimonio cometí los suficientes errores como para que Karla hubiera dicho: "¿crees que Dios te va a usar... a ti?" Como te dije antes, yo era muy necio, y lo que se me ocurría hacer... ¡lo tenía que hacer!

Antes de contarte lo que nos pasó un día, déjame decirte que una de las cosas que más me gustan es el fuego y explotar cosas. Puedo decirte honestamente que por eso me llamó la atención el bautismo, porque un día oí del Espíritu Santo y... ¡fuego! yo pensé: "... ¿fuego?" "¡Yo lo quiero Señor!"

¡¡¡ BUUUMMM !!!

Cuando vivíamos en Ixmiquilpan, rentábamos una casa chiquita de bloques de cemento y habitaban ahí con nosotros unas cucarachas gigantescas, y a Karla le dan pánico las cucarachas. Yo me iba a predicar en las noches y a esa hora salían las cucarachas de un registro de drenaje muy grande que había en un pasillo, adentro de la casa. Como a Karla le daba pánico matarlas, sacaba envases de plástico para atraparlas. Más tarde, cuando yo llegaba en la noche, Karla ya estaba dormida, y yo tenía que levantar cada envase para matar a las cucarachas que había dentro. Con frecuencia Karla me pedía que fumigara la casa, pero no lo hacía por dos razones. La primera es que me daba desconfianza del tipo de químicos que echaran en la casa, y la segunda es que como has de recordar... ¡no me gustaba gastar!

Un día pasé por un pueblo y vi que estaban arreglando el camino, y habían echado chapopote al pavimento. Seguí la ruta para mi casa y al llegar, me puse a matar las cucarachas sentenciadas a muerte de ese día. A la mañana siguiente, estaba limpiando la camioneta con gasolina y se me ocurrió una idea, pensé: "...ya sé que voy a hacer". Le pedí a Karla un desarmador y levanté la tapa de registro del drenaje y le eché gasolina. Yo estaba feliz imaginándome a las cucarachas muriendo. Puse la tapa del registro otra vez, y regresé a terminar de limpiar la camioneta, estaba en eso, cuando se me ocurrió acelerar la muerte de las cucarachas encendiendo la gasolina que había echado.

Le pedí a Karla unos cerillos y le dije que saliera de la casa por precaución, además ella estaba embarazada (en esos años ella siempre estaba embarazada), así que salió Karla con su panza de sandía al frente, le eché más gasolina antes de prenderle, tiré un cerillo ysalí yo también. El fuego inició y de repente se escuchó un ruido muy extraño y después... ¡BUUUUM! ¡Una tremenda explosión! ¡Estuvo fuertísima! La tapa de acero del registro voló; los vidrios estaban vibrando y yo estaba feliz y muerto de la risa. Mi pensamiento era: "yo ya acabé con las cucarachas... ¡de todo el pueblo!"

Lo que sucedió es que los vapores de la gasolina provocaron un vacío en la tubería y de repente succionó todo y explotó.

Cuando entré a la casa había una pared cuarteada y al revisar los daños sólo me compadecía del dueño de la casa. Cuando subí y entré al baño vi que toda el agua del inodoro había volado ¡hasta el techo! y pensé: "menos mal que no había nadie sentado ahí, porque qué susto se hubiera dado".

Con todas estas cosas, Karla ya sabía que cuando yo le pedía cerillos siempre había problemas.

En otra ocasión llegamos de un viaje y el pasto estaba muy crecido. Para solucionar eso yo tenía dos opciones. Una era cortarlo yo mismo con un machete; la otra era dejar que entrara una vaca de las que siempre andaban por ahí alrededor y que se lo comiera. Opté por el machete, y después de un rato me cansé de estar en cuclillas cortando el pasto, así que apoyé mi brazo izquierdo sobre el césped para poder seguir; pero en un descuido me corté con el machete y se me hizo una cortada que llegó hasta el hueso. Yo no quería decirle a Karla que ya había provocado otro percance, así que sólo le pedí que me trajera el "pega todo" (ese pegamento de contacto que pega cualquier cosa); ella me preguntó para qué lo quería y sólo le dije: "tú por favor, tráemelo". Me lo llevó y ya que regresó a la casa, eché una gotita en mi piel y la uní. Pensé: "...con eso es suficiente" y seguí cortando el césped. De repente sentí que con el machete le pegué a algo duro y al revisar me di cuenta que era un tubo de gas. En eso Karla me grita: "¡Juan, no hay gas! Ella estaba cocinando unas galletas y le dije: "¡sí, ahorita lo arreglo! Hay un pequeño problema acá afuera, pero ahora lo soluciono". Llamé a un amigo que sabe de esas cosas y se puso a hacer los arreglos necesarios. Ya que terminó, abrí el tanque y le eché un cerillo para ver si ya no había fuga. Lo malo fue que no me di cuenta de que Karla no había apagado la estufa y empezó a salirse el gas. Ella me avisó y le dije que la apagara. Llegué a la cocina para "hacerme cargo de la situación" y le pedí... ¡unos cerillos! Por lo que Karla se asustó y me pidió que ya no hiciera nada. Esperé unos segundos a que... según yo, se fuera el gas y prendí un cerillo. Al instante hubo una explosión. La puerta del horno que estaba descompuesta y normalmente sólo cerraba a la mitad, empezó a golpear abriéndose y cerrándose con fuerza. Los dos nos quedamos pasmados, recargados en la pared. Y Karla con lágrimas en los ojos, volteó y me dijo: "un día nos vas a matar". Gracias a Dios sobrevivimos.

A mi esposa le sobrarían razones para no creer en mí porque me conoce muy bien.

Estoy seguro que a ti también se te han ocurrido ideas locas, ¿o no? ¿Seré yo el único? ...no, no lo creo; y tu familia también te conoce muy bien. Y debido a que nos conocen así de bien, a veces ellos dudan cuando saben de nuestros sueños y de los propósitos de Dios para nosotros. Por eso, ser obediente al plan de Dios a veces implica perseverar ante la crítica de la familia.

Otros obstáculos al plan de Dios pueden ser:

b. *Enemigos*

Obvio...también...

c. *Los líderes espirituales*

Nuestros pastores y líderes a veces no entienden o no creen en nuestros sueños. Sueños que nosotros creemos que son dados por Dios.

Me he encontrado con muchos jóvenes que me dicen: "es que yo fui con mi pastor a explicarle mi visión y me dijo, 'no mi hijito, tú tranquilo, eso no viene de Dios'". Muchas veces nosotros los líderes no los afirmamos, no animamos a las personas a soñar en grande. Debemos decirles: "Sí, tú sigue adelante ¡con eso y más!" Necesitamos aprender que siempre es mejor animar a la gente a correr tras sus sueños y ayudarles a alcanzarlos.

UNA NUEVA GENERACIÓN DE LÍDERES

Necesitamos crear una cultura de liderazgo que confíe en las personas y las levante. Que el líder espiritual deje de ser una amenaza a los sueños de un joven y se convierta en la persona que más lo anime ¡Eso es lo que necesitamos! Un liderazgo que afirme, levante y ayude a otras personas.

También pudieras encontrar el obstáculo de...

d. *Los amigos*.

Muchas veces los amigos no entienden porqué comenzamos a vivir de cierta manera. No entienden porqué nos alejamos de ellos al ver ciertas actitudes que no están dispuestos a cambiar.

Si tienes amigos que te desaniman a hacer lo que Dios pone en tu corazón y dudan de que Dios te pueda usar a ti, no son realmente tus amigos.

Otro obstáculo,

e. *Las leyes civiles*

Hay muchas personas que viven en países en los que es ilegal compartir el evangelio. Y la obediencia a Dios y su Palabra es ilegal. Yo conozco a muchas personas que viven en países donde las leyes no permiten que ellos compartan su fe. Al obedecer la Palabra y hacerlo, se exponen a ir presos o a morir por su fe. Yo tengo muchos amigos que ya están con el Señor por su fe. Obedecieron al Señor por encima de las leyes civiles y eso les costó la vida.

Recuerdo que en el año de 1991, estábamos en la Unión Soviética, antes de la caída del comunismo. Hicimos una campaña en el Palacio de Catarina La Grande, en la ciudad de Yelgava, Latvia. Llegaron tres mil rusos a esa ciudad militar, que supuestamente estaba cerrada a todo foráneo, tanto extranjero como ruso. Sin embargo, Dios nos había dado instrucciones de hacerlo y la obediencia a su instrucción causó que quebrantáramos la ley.

También recuerdo estar en Cuba cuando las autoridades nos detuvieron y nos informaron que no podíamos predicar. La ley cubana dice que un extranjero no puede predicar, y si lo atrapan predicando son quince años de cárcel. Después de haber sido deportado una vez, Dios me dio instrucciones de qué hacer, cómo y cuándo regresar. La obediencia a Dios hizo que la ley cubana fuera un obstáculo para mí, y me llevó a violar la ley.

Como ya mencioné anteriormente, cuando regresamos de Cuba después de que nos habían deportado, enfrentamos circunstancias muy difíciles. La peor situación de todas fue que Karla y yo tuvimos que vivir separados cinco meses por la amenaza que había contra la familia, debido a un intento de secuestro a uno de nuestros hijos. Estuvimos separados, viviendo en 2 países diferentes y nos vimos obligados a hacer citas cada mes, para encontrarnos en algún lado en forma clandestina ¡ni modo que no tuviéramos ningún tipo de contacto en todos esos meses! Ciertamente hay un precio que pagar por obedecer a Dios, pero a pesar de las circunstancias adversas fue muy divertido encontrarnos a escondidas.

Si estás pasando por situaciones difíciles ¡gózate un poco! ¡Haz fiesta!

En el libro de Santiago 1:2 dice:

*"Hermanos míos, tened por **sumo gozo** cuando os halléis en diversas pruebas".*

Esas palabras, *Sumo gozo* en el griego significan "celebrar" o "hacer una fiesta".

Así que, cuando estés en una situación difícil ¡ponte a festejar! Saca el refresco, sirve la botana y celebra. Mírate en el espejo y anímate a ti mismo.

Anúnciale a tu familia que vas a hacer una fiesta, y cuando te pregunten qué estás festejando, les dices los problemas por los que vas a celebrar. Te aseguro que eso te cambiará la perspectiva de la situación.

Otro obstáculo potencial pudiera ser:

f. *El tiempo*
El tiempo se puede convertir en obstáculo porque todo lo queremos rápido y a veces los sueños grandes requieren bastante tiempo para alcanzarlos.

g. *Los recursos*
La visión siempre precede a la provisión. Si estás esperando que lleguen los recursos **antes** de tomar el paso de obediencia al Señor, nunca llegara el día de tomar el primer paso. Hay que

creer la visión, abrazarla, prepararse, y después actuar, ENTONCES llegarán los recursos. Que la falta de recursos no sea problema. Toma un paso de fe, pisa las aguas.

Una de las veces que fui a Cuba, el Señor comenzó a hablarme acerca de establecer centros de entrenamiento por toda la isla, y yo pensaba: "Señor, eso va a costar mucho dinero que yo no tengo", pero llegó el tiempo en el que ya tenía que tomar la decisión de si iba a establecerlos o no ¡y decidí que sí!

Un día estaba en la ciudad donde nací y un amigo mío, el Pastor Duane Vander Klok me dijo que un empresario quería hablar conmigo. Así que al día siguiente fuimos a tomar un café para platicar con él. Me pidió que le contara acerca de la visión que tenía para Cuba y después de contarle, me dijo: "muy bien, mañana yo te voy a dar unas acciones de una empresa mía".

Al día siguiente recibí una llamada para ver lo de las acciones, y a fin de cuentas recibimos como $150.000 dólares para llevar a cabo la visión de los centros de entrenamiento.

Nosotros no teníamos los recursos, pero cuando tomamos el paso, Dios se encargó de proveerlos.

Si tú estás esperando los recursos, déjame animarte a tomar un paso de fe y verás lo que el Señor hará. Un paso de obediencia a Dios abre la puerta a la provisión, y puede llegar de fuentes que ni te imaginas.

La obediencia de David al plan de Dios se vio en:

2. Tener un **COMPORTAMIENTO** prudente.

La obediencia a Dios y a su Palabra nos llevará a comportarnos prudentemente. Ser un líder campeón implica cierto tipo de comportamiento. Uno tiene que comportarse como un campeón para tener la influencia de un campeón como tuvo David.

La Biblia nos dice en 1 Samuel 18:5:

"Y salía David a dondequiera que Saúl le enviaba, y se portaba prudentemente. Y lo puso Saúl sobre gente de guerra, y era acepto a los ojos de todo el pueblo, y a los ojos de los siervos de Saúl".

Vemos otras referencias de ello en 1 Samuel 18:14-15.

También se vio su obediencia en que David supo:

3. Ser <u>FIEL</u> en lo ajeno.

"Y si en lo ajeno no fuisteis fieles, ¿quién os dará lo que es vuestro?" (Lucas 16:12)

David fue fiel en servir a Saúl a pesar de sus celos, sus engaños, su deslealtad, y a pesar de las muchas veces que intentó matarle. El haber sido fiel a Saúl y a su reino calificó a David para tener su propio reino.

Dios llevó a David a servirle a Saúl,... ¡y le sirvió!

¡SIRVE!

Hay jóvenes que se quejan conmigo de sus líderes y yo les pregunto: "tu líder... ¿ya te trató de matar?" "No" me responden, "entonces la cosa va bien, quéjate menos y ayúdale más. Sírvele sinceramente con todo tu corazón y a ver qué pasa."

No estés tan apresurado, no tengas tantas ganas de obtener lo tuyo; ponte a servir a otro. Busca a una persona que está haciendo algo en el área de tu interés y/o propósito y ponte a servirle con todo tu corazón. Yo no me daba cuenta de que eso es lo que estaba pasando cuando servía a Venancio (mi mentor indígena) en los años 80. No sabía que lo que estaba haciendo era servir a un hombre y serle fiel para poder calificar para recibir lo que Dios tenía para mí más adelante. Yo no lo sabía, porque en aquel entonces, yo sabía muy poco.

No tengas miedo de servir. David sirvió a Saúl desde el momento que le llevaron al palacio, y a pesar de que después ya no estaba a su lado, tuvo una actitud de servicio hacia él hasta el momento en que Saúl murió, y aún después le sirvió a su descendencia. David fue fiel en lo ajeno. Esa fue una de las claves importantes en la vida del campeón David.

David mostró su obediencia al…

4. Tener una <u>VALENTÍA</u> y un <u>ATREVIMIENTO</u> fuera de lo normal.

David se atrevía a hacer cosas fuera de lo ordinario. Cuando tú obedeces a Dios, parece que eres la persona más valiente del mundo porque Dios te lleva a hacer algunas cosas que parecen descabelladas.

Para mantenerse adherido al plan de Dios, David tuvo que hacer cosas que en lo natural probablemente no hubiera hecho. Cosas como…enfrentar a Goliat, permanecer en el palacio de Saúl, permitir que tanta gente llegara a él en la cueva de Adulam.

También perdonó la vida de Saúl dos veces, vivió entre sus enemigos los filisteos, fue tras los amalecitas para recuperar a sus esposas y sus posesiones, y conquistó a los jebuseos.

La obediencia a Dios hizo que David se viera muy valiente.

Recuerdo un día, diecinueve años atrás, cuando estábamos trabajando en la sierra de México y una persona de por ahí me invitó a ir a su pueblo que se llamaba "Las Pilas". Sentí en mi corazón, de parte del Señor, ir con él. Me subí a la camioneta con otras personas y estuvimos viajando por tres horas por la carretera, luego recorrimos dos horas en un camino de terracería. Ahí nos estaban esperando varios hombres con animales para llevarnos otras cinco horas caminando por el monte. Después de subir y bajar cerros y de cruzar el mismo río varias veces …finalmente, llegamos al pueblo. Ahí no había testimonio de Jesucristo, no había ni una iglesia, ni ningún cristiano.

¿QUIERES IR A ESTE CINE?

Ya cuando llegamos instalamos nuestra planta de luz, y pusimos una pantalla. Después empezamos a anunciar que íbamos a pasar unas películas al atardecer. Como a las 7:30 pm., habían llegado alrededor de ochocientas personas de Las Pilas y Las Vegas, otro pequeño pueblo que estaba frente a Las Pilas, pero del otro lado del río.

Empezamos a proyectar una película de la vida de Jesucristo, y toda la gente estaba ahí viéndola. Después que pasó un rato, me di cuenta de que había varias personas gritando. Sorprendido le pregunté al pastor: "¿qué le pasa a esta gente? Él me respondió: "Juan, me da mucha pena, pero esta gente está borracha. Es que aquí no hay mucha agua potable, y lo que la gente bebe se llama agua miel. Es un agua que sacan de los cactus, pero después de tres horas ya está fermentada. Así que casi todos la toman cuando ya está fermentada, aún las mujeres se descuidan y se la dan así a sus bebés y a los niños..."

¡Y todo el mundo estaba borracho! ¡Hasta los niños! Llegado el momento hice un llamado para recibir a Cristo y sorprendentemente para mí, un grupo de gente se acercaba para recibirlo. Eran como cuarenta y cinco personas, y yo pensaba: "¡gracias a Dios!" En ese instante, un hombre que traía un sombrero que le tapaba toda la cabeza, gritó: "¡pícalos!" Yo tenía poco tiempo en México y no entendía qué significaba esa palabra. Entonces, cuando yo seguía haciendo el llamado, más gente comenzó a gritar lo mismo: "¡pícalos!" "¡pícalos!" De repente yo tengo como a cuarenta y cinco personas frente a mí para entregarse a Cristo y a otras setecientas personas atrás gritando: "¡pícalo!" "¡pícalo!" Yo volteé y vi al pastor que había ido con nosotros que venía de prisa hacia mí y me dijo: "Juan, esa gente es mala, además andan borrachos; todos traen machete y pistola y nos quieren picar". Yo le pregunté: "¿qué es picar?" y me explicó que significaba que no estaban muy contentos con nosotros... y que nos querían acuchillar.

CHEQUEA ESTO...

Yo estaba en medio de mi mensaje para invitarlos a aceptar a Cristo, por otro lado, el pastor diciéndome que nos querían matar, los cuarenta y cinco arrepentidos enfrente, y atrás los que gritaban que nos iban a matar.

Yo volteé a ver a los que gritaban y pensé: "si yo me echo a correr, esa gente no me va a poder alcanzar porque están borrachos, ¡pues nos vamos! Que estos de enfrente se entreguen a Cristo como puedan, que Dios les ayude, porque yo... ¡ya me voy!" Yo seguía pensando cuál era la mejor manera de echarnos a correr, pero de repente, como que me empecé a acordar de que Dios me había dicho que fuera ahí y entonces mi mente... empezó a girar pensando miles de cosas en unos instantes; una de esas cosas que pensé fue: "...y si me matan aquí... ¿con quién se volvería a casar Karla? ...y pensando en eso ¡hasta me empecé a enojar! (Después en casa arreglé ese asunto con Karla, le dije que no le daba permiso de volver a casarse si algo me pasaba. Ella me dijo que después de estar casada conmigo, no le daban ganas de volver a casarse de todas formas). Pasaron unos segundos y recordé con claridad que Dios me había pedido que acompañara a esa persona, así que tomé una decisión: "yo me quedo, Dios me dijo que viniera, así que ¡aquí estoy!" Pedí con el micrófono que apagaran las luces a los que estaban manejando la planta, y grité "¡pon la película!" Y al poner la cinta, apareció en la pantalla una escena de Jesucristo en el sermón del monte, diciendo las bienaventuranzas, mientras la multitud seguía gritando: "¡píquenlos!" "¡píquenlos!" Les dije a los cuarenta y cinco que querían entregarse a Cristo que se fueran atrás de la pantalla, a la orilla del río para orar. Les pedí que se hincaran y los guié en una oración rápida en la que recibieron a Cristo. Después los que estaban gritando enojados nos tiraron el proyector, aventaron piedras y demás, pero a fin de cuentas, me quedé a pasar la noche ahí. No pienses que yo soy muy valiente. Fue la obediencia a lo que Dios me había dicho lo que provocó esa valentía. La obediencia a Cristo te hace aparentar una valentía fuera de lo ordinario.

ESA ES OTRA HISTORIA...

Por esa misma época, en los años de 1986 y 1987, cuando vivíamos en la sierra había un hombre que se llamaba don Pancho. Ya te lo había mencionado cuando te conté la historia de Felipe. Don Pancho era un cacique que tenía todas las casas de aguardiente de cinco estados de la República Mexicana: Puebla, Veracruz, San Luís Potosí, del Estado de México e Hidalgo. ¡Hasta el ejército de esa época tenía miedo de meterse con él! porque tenía muchos pistoleros. Don Pancho tenía fama de que mandaba encarcelar a los cristianos, o los mataba. Un día yo estaba en un rancho llamado Tamala con un hombre llamado Fidencio y me dijo: "Juan, vamos a compartirle a don Pancho. Dios me dijo que le compartiéramos". Fide era un hombre muy flaco y aparentaba ser físicamente frágil, pero al oírlo, vi en él una gran valentía. Me dieron ganas de decirle: "pues Dios a mi no me dijo nada, ve y compártele tú"; pero me aguanté las ganas y lo acompañé. Y nos fuimos los dos por la montaña, rumbo a la casa de don Pancho, porque la obediencia a Dios te lleva a ser valiente.

Dios le dijo a David: "mata a Goliat" David obedeció; y todos los domingos en la escuela dominical en muchas congregaciones alrededor de todo el mundo, se cuenta esa historia, como si David hubiera sido tan valiente. Él simplemente obedeció.

La obediencia de David también lo llevó a...

5. Tener <u>INTEGRIDAD</u> en todos sus asuntos.

Parte de tu obediencia a Dios es vivir una vida de integridad.

Integridad significa estar completo. Cuando se usan las palabras integridad o íntegro, aplicadas a una persona, se está hablando de que está "completa en carácter", no tiene falta de éste en ninguna de las áreas de su vida.

La integridad y el carácter es la base de quienes somos. Es lo que trae autenticidad a nuestro mensaje. Significa que lo que somos públicamente, es lo que somos en lo secreto. Significa que somos personas que vivimos lo que decimos y no nos da pena decir: "¿quieres seguir a Dios?" "entonces, sígueme a mí. No soy perfecto, tengo mis errores, pero tengo un corazón para servir a Dios y voy tras Él con todas mis fuerzas".

Durante su juventud, el carácter de David lo vemos al:

a. *Cumplir su palabra.*

Si tú dices que vas a hacer algo, ¡cúmplelo! Que todos sepan que cuando tú dices que vas a hacer algo es porque pueden contar con eso. Ve la informalidad como un enemigo de tu carácter.

b. *Respetar la autoridad.*

David respetaba la autoridad aún cuando la autoridad no tenía la razón. Es importante que tú y yo tengamos esta actitud. Se puede tener una actitud respetuosa, aún cuando no estamos de acuerdo con la autoridad.

c. Ser *prudente* con su boca.

Quiero poner frente a nosotros el reto de ser prudentes con nuestras bocas. ¿Qué te parece? ¿Qué tal si comenzamos por tener un gran respeto a nuestros líderes cuando hablamos con ellos, y cuando hablamos de ellos? ¿Qué tal si empezamos a levantar sus vidas en alto? Es muy importante que aprendamos a ser prudentes, no sólo con ellos, con toda la gente. Que el ser prudentes sea parte de nosotros, un rasgo de nuestro carácter.

d. Ser honesto.

La honestidad tiene que ser una convicción. La deshonestidad derrumba toda confianza y toda credibilidad.

e. Vivir en santidad: separado para Dios en espíritu, alma y cuerpo. Eso sólo se logra teniendo una vida consagrada a Dios.

f. Tener una vida irreprensible.

Esto vendrá como una consecuencia de vivir separado para Dios. Te animo a que seas irreprensible, que nadie pueda señalar alguna área de tu vida que esté fuera de control.

g. Tener un comportamiento justo.

El principio de la obediencia es uno de los más importantes de la vida cristiana, y es una decisión de nuestra voluntad. Yo quiero animarte a que vivas una vida de obediencia a Dios y a los principios establecidos en su Palabra, sólo así tu relación con Dios crecerá y podrás estar encaminado a tu propósito, recuerda que... El liderazgo nace y crece incubándose en el servicio a otros, siendo obediente y fiel a Dios y a su plan.

Principio de la necesidad

"Hay ciertas cosas que el líder necesita en su vida, sin las cuales nunca llegará a ser la persona que podría llegar a ser".

POR MARCOS WITT Y JUAN VEREECKEN

Todo líder necesita: amigos, un mentor, una causa y obviamente, a Dios.

1. Todo líder necesita AMIGOS.

Todo líder necesita a una persona en su vida con la que comparta los mismos valores, a quien le tenga una gran confianza, y con quien se lleve bien.

a. Jonatán y David son nuestro ejemplo positivo de este principio.

La formación de dos jóvenes, líderes campeones, que se ayudaron mutuamente.

Ellos son una muestra de lo que puede pasar cuando uno tiene un verdadero amigo.

b. Sansón es un ejemplo negativo.

Es un ejemplo de lo que puede pasar cuando un joven con mucho potencial se aísla, se aleja y no tiene amigos a su alrededor.

Sansón era un joven solitario y terminó en derrota.

Los verdaderos amigos dan su vida el uno por el otro. Juan 15:13

Marcos... *LOS PRIMEROS SÍNTOMAS*

Cuando veas a un líder que se empieza alejar, que se empieza a aislar, que no tiene personas a quienes rendirles cuentas, mejor empieza a orar fuertemente, porque ese líder no va a tardar en tener problemas.

Todo líder que se aísla, y no tiene un grupo de personas que le ayuden a rendir cuentas, es un líder peligroso.

Cada uno de nosotros, deberíamos contestar delante del Señor esta pregunta: ¿a quiénes tengo a mi alrededor para ayudarme a rendir cuentas? Entre más alto es el nivel de visibilidad, entre más alta es la responsabilidad y la posición, más deberíamos tener una disciplina de rendir cuentas, así como más accesibilidad a nuestro grupo interior.

Si tú no tienes en tu vida un grupo de personas, mínimo tres o cuatro, a quienes les rindas cuentas y con quienes estás conviviendo constantemente, déjame decirte que estás en problemas. Y para los que estamos casados, quiero decir algo, si tú dices que le rindes cuentas a tu esposa, no vale, qué bueno que le rindas cuentas, pero eso se da por hecho, es el requisito mínimo, no nada más hablando de liderazgo, sino para un buen matrimonio. Muchos líderes se escudan detrás de eso para decir que no necesitan a nadie más. Esto no debe ser así. Todos necesitamos en nuestras vidas a hombres y mujeres a quienes rendirles cuentas.

En mi vida yo tengo un grupo de siete u ocho personas que me conocen muy de cerca, que me retan, con quienes convivo y quienes conocen mis lados fuertes y mis lados débiles. Y qué bueno y necesario es tener gente así a nuestro alrededor.

No te aísles

Sansón es un ejemplo extraordinario de lo que le puede pasar a un joven con mucho potencial, pero sin un amigo. ¿Sabes qué es potencial? Todo aquello que todavía no has hecho, eso es potencial.

Y hay tanta gente que cuando la vemos decimos: ¡guau! Qué tremendo potencial, qué tremendo ese muchacho, pero como vive aislado y no le da cuentas a nadie y no se somete al consejo de nadie, él se convierte en un prospecto solamente para él mismo, y es una persona que termina su vida con mucho potencial. Es decir, con todo aquello que no hizo, pero que pudo haber hecho.

Dios opera de una manera tremenda cuando pone dentro de nosotros potencial, pero fíjate bien en lo siguiente, Él pone personas a nuestro alrededor para que desarrollen nuestro potencial, personas que lo liberen y nos ayuden a ser mejores de lo que somos.

Dirás tú, "¿cómo es posible que me ayuden a ser mejor de lo que soy? Si yo soy tremendo, para la gloria y la honra del Señor".

Pues sí, hay personas que nos ayudan a ser mejores de lo que somos. Tomás Alva Edison dijo en una ocasión: "lo más inteligente que he hecho en mi vida es emplear a gente más inteligente que yo". Ojalá que tú puedas decir lo mismo, espero que tú seas uno de esos líderes seguros. Que no tengas problemas con que haya gente más inteligente que tú a tu alrededor y ojalá que no tengas que comprobarles nada. Que puedas estar tranquilo y ellos puedan mostrar toda su inteligencia, mientras tú sigues siendo el mismo bruto de siempre, pero seguro y tranquilo. ¡Qué tremenda victoria vive un bruto tranquilo! Que habiendo a su alrededor pura gente inteligente, a final de cuentas él tuvo una inteligencia mayor, que fue la de reclutar a alguien más listo a su equipo de trabajo, así que, finalmente ¡no fue nada bruto! ¿Eh?

Juan... IDENTIFICANDO EL PROBLEMA

¿Sabes cuál era el problema de Sansón?

El problema de Sansón es que era un "llanero solitario", no tenía amigos.

Cuando se casó con esa mujer de Timnat, la Biblia dice que le tuvieron que pagar a 30 personas para que estuvieran con él en su boda porque no tenía amigos.

"Y sucedió que cuando lo vieron, trajeron a treinta compañeros para que estuvieran con él". (Jueces 14:11 [LBLA])

¿Qué hubiera pasado si Sansón hubiera tenido un buen amigo? Yo me imagino que su historia hubiera sido algo parecido a esto: *Un día Sansón se levanta, y dice: 'Uy no, aquí no hay mujeres cristianas guapas, todas están feas, mejor me voy a Timnat a buscar una mujer allá'. Su amigo le hubiera respondido: '¿cómo que vas a Timnat? Tú sabes que ellas son diferentes ¡tú no vas a buscar mujer allá!'*

Yo creo que cuando Sansón hubiera salido de su casa rumbo a Timnat, su amigo lo hubiera detenido a como diera lugar ¡hasta lo hubiera noqueado con un buen batazo en la cabeza! Ese es un buen amigo.

Un buen amigo no permite que su amigo se meta en pecado, se pone en medio para decirle **NO**. Los papás de Sansón intentaron detenerlo, pero no pudieron. Los amigos tienen una influencia poderosa y cuando Sansón decidió desviarse y extraviarse del plan de Dios, desgraciadamente no hubo ningún amigo que le dijera ¡**NO**!

Tú y yo necesitamos buenos amigos, dispuestos a poner sus vidas por nosotros, y nosotros también debemos estar dispuestos a hacer lo mismo por ellos.

2. Todo líder necesita <u>UN</u> <u>MENTOR</u>.

Todo líder necesita un modelo que le enseñe y ayude a llegar a su máximo potencial.

Marcos... AÑOS ATRÁS

Siempre tendré que honrar la memoria de un hombre que se llamó John Bell.

John Bell era mi pastor y fue el hombre que me dio la primera oportunidad en el ministerio. Yo siempre fui muy entusiasta, muy arrojado, muy entregado a lo que hacía. Recuerdo que un día él me invitó. Me llamó y me dijo: "Marcos quiero invitarte a comer". En el caso de mi pastor, esto me dio mucha alegría y pensé: "¡qué tremendo que el pastor me invitó a comer! ¿De qué querrá hablar conmigo?" y me dio mucha curiosidad. Recuerdo que me llevó a un restaurante. Tú sabes como en la vida de un líder cristiano muchas cosas suceden alrededor de la comida. Como dijo un hombre: "nosotros los cristianos, no fumamos, no tomamos, pero ¡ah como comemos!"

Yo recuerdo esa tarde, el pastor Bell me miró y me dijo: "Marcos, yo te quiero en mi equipo de trabajo". No te imaginas lo que sentí en ese momento, la alegría que me dio; el gozo y satisfacción que sentí que él me considerara a mí para ser parte de su equipo. Yo le respondí: "pastor, necesito orar" e inmediatamente le dije: "El Señor dice que sí".

Ese momento fue increíble y marcó mi vida para siempre. Él fue para mí un gran mentor. El pastor Bell en ese entonces ya era un hombre de edad avanzada, su cabello era blanco por las canas; él ya tenía muchos años en el ministerio, y ¡qué privilegio sentí yo!

Nunca se me olvida mi primer día de trabajo. Yo llegué muy formal con mi corbata y mi portafolio. Un joven de diecinueve años en su primer día. Al llegar me dijeron: "mira, acá va a ser tu oficina y este es tu escritorio". "¡Qué barbaridad!" pensé yo, "¡me consiguieron escritorio! Yo creía que me la iba a pasar todo el día en el piano". Luego, me dijo la secretaria: "el pastor te está esperando en su oficina", yo dije "¡gloria a Dios!" "Aquí va el gran hombre de Dios en su primer día de trabajo" y subí a su oficina. Al llegar me dio una hoja de papel que tenía para mí y él tenía su copia en la mano. Después me explicó: "esto es lo que estoy esperando de ti; esto es lo que tú puedes esperar de mí. Estas van a ser tus horas de trabajo, esto es lo que estoy necesitando que hagas…", etc., etc. Yo estaba tan feliz, mi primer día de trabajo, donde me iban a pagar para ser "Director de música" ¡qué título me dieron! ¡Gloria a Dios! Tú sabes, cuando no puedes dar un buen sueldo, das un buen título y con eso se arregla todo.

Luego bajó el papel, se quitó los lentes y me dijo lo siguiente (y así empezó mi ministerio profesional): "Marcos, ayer renunció la persona que nos ayudaba con la limpieza aquí en la congregación. Y necesito que ayudes por un tiempo mientras encontramos a alguien más". Aunque eso me sorprendió, accedí pensando que el Señor pronto proveería a la persona adecuada para ese trabajo, tú me entiendes ¿no?

Pues empecé a limpiar todos los días, mientras yo seguía estando muy seguro de que Dios me había llamado para ser "Director de música". Los primeros días de mi trabajo en el ministerio estuve limpiando baños y aspirando alfombras. La segunda semana, mi trabajo fue…limpiar baños, y…aspirar alfombras. La tercera semana… cambió un poquito,…aspirar alfombras y…limpiar baños, ya para la cuarta semana…sigo aspirando alfombras y… ¡limpiando baños!

CON LOS PIES EN LA TIERRA…

Recuerdo que un día yo estaba limpiando un inodoro y traía un cepillo en mis manos mientras estaba teniendo "una de esas conversaciones" con el Señor; yo subía y bajaba el cepillo y lo tallaba con tanta fuerza, que "todo *eso* me llovía" mientras yo renegaba y le decía al Señor: "yo no entiendo cómo esto es posible, que me hayan llamado para ser el pastor de música y acabe limpiando baños…" Duré tanto en esa conversación que el baño quedó rechinando de limpio. Recuerdo eso como un momento definitivo en mi vida.

Me habló claramente el Espíritu Santo y me dijo: "Marcos, si no puedes limpiar baños, no tengo nada para ti en mi Reino". Ay Dios mío, yo agarré el cepillo y dije: "Señor, ¿dónde hay otro baño? ¡yo quiero más baños!"

Mi pastor Bell ya murió y nunca supe si me puso a limpiar baños y aspirar alfombras a propósito, o si fue simplemente parte del trato divino en mi vida, para ayudarme a poner los pies en la tierra, porque a veces los músicos volamos por las alturas. Tú sabes a qué me refiero ¿no?

Hay lecciones que yo aprendí de mi pastor Bell en esos primeros días de mi ministerio, que hasta el día de hoy siguen conmigo. Hay un refrán que dice: "Al que a buen árbol se arrima, buena sombra lo cobija. ¡Ojalá que tú tengas un mentor!" y si me dices que ya tienes como cincuenta años en el ministerio ¡ojalá estés siendo mentor de alguien! Y además, ojalá tengas un mentor también.

Me he dado cuenta de una cosa muy interesante, yo tengo mentores en mi vida que son más jóvenes que yo, sin embargo aprendo de ellos. Yo aprendo de jóvenes de 25 años, Dios los está usando, también aprendo de mis hijos, lo importante es tener un corazón dispuesto a aprender. El día que nosotros pensemos que ya lo sabemos todo, es el día en que todo se empieza a acabar.

Yo conozco a muchos pastores que tienen muchos nombramientos, muchos certificados, que se avalan en sus conocimientos, pero desgraciadamente no tocan las vidas de las personas.

Eso me recuerda la historia de un gran ingeniero que construía represas y puentes. Él realmente nunca había ido a la escuela, lo que sabía lo aprendió sobre la marcha, se lo enseñaron de joven. Él había construido muchas represas por todo su país y tenía un hijo que quería dedicarse a lo mismo. Sin embargo, el hijo decidió ir a la universidad porque él sí quería estudiar, no quería ser como "su viejo". Se fue a estudiar y se tituló como ingeniero civil. Después de titularse fue y construyó su primera represa. Esta represa era enorme, así que era un trabajo muy grande, y con mucho orgullo colgó su título en la pared de su despacho. A unos meses de distancia le llamaron y le dijeron: "mire ingeniero, tenemos un problema. La represa que construyó tiene una pequeña grieta y se le empieza a salir un poco de agua".

Yo no sé si tú sabes algo de represas, pero no se requiere de mucho conocimiento para saber que si le brotaron unas gotas de agua, al rato va a ser más la fuga y va a haber un serio problema. Y este muchacho sacó sus libros, consultó con sus profesores, sacó sus computadoras para hacer todas las investigaciones de las posibles causas de la fuga y no encontraba la falla.

Finalmente, sin quererlo y a regañadientes le habló "al viejo" y le dijo: "papá, tengo un problema y no puedo solucionarlo. Quizás tú tengas un consejo para mí". Su papá, que ya conocía la situación, le respondió diciendo: "Sí tengo un consejo para ti. Mira hijo, ese título que te dieron en la universidad, bájalo del marco, enróllalo chiquito, lo más chiquito posible. Ve a tu represa y metes el papelito ahí para que se tape la fuga".

Se requiere un espíritu dispuesto a aprender. Tú y yo necesitamos mantener siempre un corazón abierto a hacerlo.

Cuando a David le empezaron a suceder cosas que no entendía, buscó a su mentor Samuel.

"Entonces Saúl dijo a Mical: ¿Por qué me has engañado así, y has dejado escapar a mi enemigo? Y Mical respondió a Saúl: Porque él me dijo: Déjame ir; si no, yo te mataré".

"Huyó, pues, David, y escapó, y vino a Samuel en Ramá, y le dijo todo lo que Saúl había hecho con él. Y él y Samuel se fueron y moraron en Naiot". (1 Samuel 19:17-18)

Samuel había ungido a David, era un ejemplo para su vida y Samuel sí creía en David.

David sabía que Samuel, su mentor, podía responder a algunas de sus preguntas.

JUAN... ¿TIENES A ALGUIEN ASÍ?

Si no hay una persona a la que tú respetes, que te haya recibido para ser parte de su vida, y que te esté enseñando y ayudando a ser toda la persona que tú puedes llegar a ser, necesitas comenzar a orar por una persona así.

Yo he tenido hombres así en mi vida, que cuando yo no entiendo las cosas que me suceden, ellos me pueden ayudar por la experiencia que tienen. Yo he viajado miles de kilómetros simplemente para estar dos horas con una persona a la que le tengo un gran respeto. He gastado dinero para pasar un rato con alguien así, que me permite acercarme a su vida, que cree en mí y me lleva a otro nivel. Es nuestra responsabilidad buscar a personas así, no es la responsabilidad del mentor buscarnos a nosotros.

Los que llegaron a David a la cueva de Adulam fue porque lo buscaron.

Lo que necesita la juventud hoy en día son mentores, porque sólo así cada joven llegará a ser todo lo que Dios ha planeado que sea.

Un mentor:

Marcos... ¿QUÉ HACE UN MENTOR?

a. *Ejemplifica* carácter en la vida del aprendiz. Carácter de integridad.

b. *Permite* a su aprendiz tener cercanía. Es alguien que está accesible.

c. *Cree* en su aprendiz.

Me encanta una frase de John Maxwell que dice "Es hermoso cuando la gente cree en su líder, pero es más maravilloso cuando el líder cree en su gente".

d. *Un mentor enseña a su aprendiz.*

e. *Un mentor corrige a su aprendiz.*

Juan... ¿QUÉ SIGNIFICA CORREGIR?

Esto no quiere decir que se enfoca en lo negativo. Significa que cree en las personas, y por eso, cuando necesitan corrección, los corrige.

f. *Un mentor experimenta la vida con su aprendiz, ambos disfrutan pasar la vida juntos.*

g. *Se goza con su aprendiz.*

Marcos... LOS PRIMEROS FRUTOS

En 1994 empezamos nuestra primera escuela. Ahora ya son 37 escuelas que tenemos a través de América Latina. Se llaman Instituto Canzión. Tenemos alrededor de 3.000 alumnos entre todas ellas. En la actualidad, a más de doce años de haber abierto la primera, estamos viviendo un tiempo extraordinario. No te imaginas el gozo que me da cuando en algún viaje, se me acerca algún pastor y me dice: "Marcos, el muchacho que mandamos a tu escuela ha sido de tanta bendición..." Y ahora a mí me toca ver cómo ellos están prosperando en sus ministerios, y creciendo en sus visiones. Y ¿sabes quién es el que más se alegra y se goza con las bendiciones que Dios les da a sus discípulos? Debería ser el mentor, debería ser el maestro. Desgraciadamente, ese no fue el caso de Saúl. Yo no entiendo a Saúl. De repente Dios le mandó un David y en lugar de hacer a David su aliado, lo convierte en un enemigo.

Un día David fue invitado a tocar su arpa en el palacio del rey. De repente, Saúl se llena de ira y le tira con su lanza para clavarlo en la pared. Yo me puedo imaginar que David estaba tocando su arpa tranquilamente y sorpresivamente sintió que algo voló por arriba de su cabeza. Volteó a la pared y vio una lanza, y después volteó y vio que… ¡Saúl fue el que tiró la lanza!

Quiero decirte una cosa. Cuando se corra la voz de que les tiras la lanza a aquellos que están cerca de ti, cada vez menos personas van a aceptar tu invitación de servir o de estar en tu equipo.

Algo que no puedo entender son los pastores que dicen: "Señor, mándame ayuda. La mies es mucha y los obreros pocos...". Luego, el Señor les manda un David y en lugar de darle las gracias por el muchacho talentoso que canta y compone música, en vez de darle las gracias a Dios por ese muchacho que tiene el favor de la gente; dicen: "Señor... ¿por qué me mandaste a éste?"

Si el Señor te manda a alguien muy bendecido y superdotado ¡dale gracias a Dios de que tú lo tienes en tu equipo! Cuando no valoramos lo que Dios nos manda, Él se lo lleva con alguien más que sí lo valore. Así de sencillo es. El mentor debe ser el más alegre al ver la bendición que Dios trae a su discípulo.

3. Todo líder necesita <u>UNA CAUSA</u>.

Si no hay causa, no hay necesidad de un líder. De igual manera, no puede haber liderazgo sin una causa.

La ascensión de David al liderazgo estuvo directamente relacionada con su compromiso a una causa.

Juan... ¿CUÁL ES LA TUYA?

Cada uno de nosotros necesitamos una causa.

A lo mejor te preguntas ¿...cuál es mi causa? Regresamos a la pregunta ¿qué te apasiona?

Yo soy una persona que muy difícilmente lloro. Casi nunca hay algo que me mueva a llorar, sin embargo, cuando leo acerca de héroes misioneros, y del precio que pagaron por hacer la voluntad de Dios, entonces sí ves a un Juan diferente que puede llorar, ¿por qué? ¡Porque su pasión y su causa se acercan mucho a la mía!

La causa misionera, la gran comisión me apasiona. Esa es mi causa y mi llamado. Mi liderazgo está envuelto en mi causa. Yo no puedo ser líder si no tengo una causa.

Hay otras personas con otras causas que son igual de importantes que la mía.

Si no tienes causa no puedes liderar. Necesitas conocer tu propósito y liderar para llevarlo a cabo.

Una causa produce:

Propósito en nuestras vidas, nos da dirección con una pasión, nos da significado y sentido con un reto por delante y una razón por la cual decir **no** a cosas que nos puedan desviar de ella.

Marcos... ASÍ NO HAY PIERDE

Un líder visionario, arrojado, es un líder que siempre quiere abarcar muchas cosas. Cuando un líder está produciendo resultados porque el favor de Dios está sobre su vida, recibe muchas invitaciones. De repente tiene un desfile de personas que quieren que él o ella se unan a sus causas y a sus propósitos. Por eso es indispensable que el líder tenga una causa por la cual está dando su vida.

A mi oficina llegan muchas invitaciones cada día en las que me piden que participe en diferentes proyectos. ¿A cuáles me uno y a cuáles no? Yo soy un líder con una causa. Si me llega una invitación que no está dentro de mi causa, es fácil decir no. Es así de simple.

Un líder necesita definir su causa. Por eso dice Habacuc, declárala, escríbela en tablas para que corra con ella el que la lea.

"Y Jehová me respondió, y dijo: Escribe la visión, y declárala en tablas, para que corra el que leyere en ella". *(Habacuc 2:2)*

Juan... Otra aplicación práctica.

Quiero dirigirme a los pastores y personas en autoridad. La clave para que los jóvenes no se desvíen hoy en día, no está en ponerles límites y prohibiciones. ¡Eso no los va a cambiar! La clave para ayudar a nuestra juventud a decir "no" a las cosas de este mundo, está en ayudarles a encontrar su propósito y su causa. Yo conozco a jóvenes que conocen su causa a quienes no les tengo que poner prohibiciones porque tienen una gran pasión por llevar a cabo su propósito. Por lo tanto, ellos saben que si toman malas decisiones eso les va a impedir realizarlo y piensan "¿para qué haría yo tal cosa?". Como en el caso de José cuando la esposa de Potifar andaba detrás de él. José dijo: "¿cómo voy a pecar así contra Dios?" (¿cómo voy a destruir así mi vida?).

Pastor y líder, ayudemos a nuestros jóvenes a encontrar su causa, démosles una razón para decir **NO**.

Marcos... Una causa produce también:
Una razón por la cual morir.

Yo tengo una gran pasión por América Latina. Tengo un fuerte anhelo de que Dios levante líderes con una visión distinta. Necesitamos un modelo renovado de liderazgo. Hay mucha gente que se está entregando a Cristo y no estamos reteniendo la cosecha por la falta de liderazgo. También está sucediendo que en algunos lugares estamos perdiendo la cosecha porque hay un liderazgo que reprime a las personas y no las está bendiciendo.

Tengo una fuerte pasión por ver que Dios levante una nueva clase de liderazgo que ame a la gente y la ayude a alcanzar su destino.

Esa pasión es la que me da combustible para estar saliendo y dando conferencias de liderazgo, porque esa es una causa que el Espíritu Santo ha dejado caer dentro de mi espíritu y no me deja en paz.

La causa (o visión) es la razón por la que otros siguen a un líder. Las personas quieren lograr algo o ir a un destino determinado, y seguirán a quien creen que las llevará hasta ese lugar: es decir, el líder.

Juan... Y TÚ... ¿ESTÁS DISPUESTO?

Yo moriría por lo que hago. Si Dios me pidiera que me fuera a Sudán (donde esclavizan a los cristianos y los matan), para que yo testificara de Cristo ahí, aunque probablemente muriera por ello, de todas formas yo iría con todo gusto. Prefiero pensar como dijo un misionero: "Soy inmortal, hasta terminar mi propósito".

Si no estás dispuesto a morir por lo que haces… ¡cambia lo que haces!

4. Todo líder necesita a DIOS.

Juan... NADA SIN ÉL

Todo lo que hemos visto a lo largo del libro, sepáralo de Dios y **¡no haremos nada!**

Todo el liderazgo está envuelto en una relación íntima con Dios mi Padre y Jesucristo.

Sin Él nada somos, y nada haremos.

El verdadero liderazgo inició con Dios, y solamente en comunión con Él se ejerce correctamente. Fuera de Él, el liderazgo sólo se reduce a técnicas y fórmulas.

"Oh Dios, me enseñaste desde mi juventud, y hasta ahora he manifestado tus maravillas". (Salmo 71:17)

Juan... ES NECESARIO DECIRLO

En la vida de David pasó algo muy triste. Él entendió todos estos principios y los llevó a cabo en su juventud, pero llegó un día en el que pensó que podía liderar sin seguirlos y ahí comenzó un desastre en su vida. Sin embargo, él se arrepintió, y siguió tras el corazón de Dios, pero tuvo que pagar el alto costo de las consecuencias. No tenemos que llegar a eso. Por sobre todo, necesitamos a Dios.

Sólo una relación con Dios puede hacer que:

Un líder tenga una <u>imagen propia</u> correcta, que su vida tenga propósito y que pueda lograr el verdadero éxito.

Marcos... QUIERO COMPARTIR ESTO CONTIGO

Quiero decirte dos definiciones de éxito que me encantan.

La primera es ésta:

Éxito es conocer y cumplir la voluntad de Dios para mi vida. El éxito es conocer y cumplir el propósito de Dios, es hacer su voluntad.

A veces tenemos una idea muy extraña de lo que es el éxito. Ahora decimos que es predicarle a miles de personas. Yo conozco predicadores sumamente exitosos, que jamás le predicaron a miles de personas. Conozco también a muchos predicadores cuyo rostro jamás estará en la portada de una revista o algún periódico y son sumamente exitosos. ¿Sabes por qué? Porque están cumpliendo con la voluntad de Dios para sus vidas. El éxito no es la cantidad de gente que alcanzamos, tampoco es si tenemos un programa en la televisión, o si grabamos un disco compacto. Tampoco si escribimos un libro, eso no es la verdadera medida del éxito.

Hay tantos hombres el día de hoy que están dando sus vidas a sus causas, algunos de ellos, literalmente están dando su vida por su causa. Ellos son personas que cuando lleguen al cielo, la orquesta celestial les va a tocar una entrada que a lo mejor no nos va a tocar a todos los que en la tierra recibimos premios y reconocimientos. ¿Te das cuenta lo que estoy diciendo? Y me incluyo. Cuando yo llegue al cielo, voy a estar contento de estar ahí, no voy a reclamar nada. Sencillamente voy a estar feliz de estar ahí.

El éxito es cumplir la voluntad de Dios para nuestras vidas.

En América Latina muchas veces idolatramos a los ministros, los ponemos sobre pedestales muy altos, y lo más triste para mí es cuando a esos ministros no sólo les gusta estar ahí, también lo buscan, y lo promueven.

En una ocasión yo estaba en otro país, saliendo de un estadio, y la gente hasta me empujaba para llegar a mí y mostrarme su afecto. Yo les preguntaba porqué, a lo que respondieron: "es que lo queremos mucho". Les dije: "No me quieran tanto, soy igual a ustedes, carne, hueso, y un pedazo de pescuezo". Recuerdo a una persona que me tomó del saco y lo jaló. Yo estaba saliendo y sentí que alguien me estaba jalando, y de repente soltó mi saco y oí que alguien gritaba: "¡tengo su botón!" Me dieron ganas de "reprender todo espíritu de botón". Necesitas darte cuenta de que entre más alto el Señor te lleve, entre más visibilidad tengas, más tenemos tú y yo que tratar de hacer todo lo que esté a nuestro alcance para que la gente se de cuenta de que somos gente ordinaria, y que no es bueno el afecto de esa manera.

La verdadera medida del éxito es: ¿estaré cumpliendo con la voluntad de Dios? Si la voluntad de Dios para tu vida es que tengas visibilidad, Dios te va a dar la gracia para poder tratar con esa visibilidad. Si tú permites que te la de.

La segunda definición de éxito que te quiero decir es extraordinaria:

Éxito es ser amado y respetado más, por aquellos que más me conocen.

En otras palabras, de qué me serviría ser aplaudido en los estadios más grandes y estar en cualquier lugar donde me aprecien mucho, y recibir el cariño de otros, si llegara a mi casa, y ahí no fuera aplaudido. Si me sentara a la mesa con mis hijos y mi presencia no fuera grata para ellos. De qué me serviría ser aplaudido por todas las mujeres de América Latina, si mi mujer no me aplaudiera. Yo quiero decirte que yo hago lo que hago por cortesía de mi esposa Miriam. Ella me apoya en todo y es la que más me anima y me aplaude. La que más ora por mí. ¡Mi admiradora número uno es mi esposa!

Eso no quita que a veces, cuando ya estoy molestando mucho, me pregunta "¿no tienes algún lugar a donde ir a ministrar? Ve y minístrale a la gente un rato y déjame en paz".

Karla hace lo mismo con Juan. Es más ¡Karla sobrevive porque Juan tiene que viajar!

Grábate esto: éxito es ser amado y respetado más, por los que más me conocen.

Otras razones por las que todo líder necesita a Dios son porque sólo una relación con Dios puede hacer que el líder tenga el poder para vivir rectamente.

Sin duda todos estamos de acuerdo que sin Él nada podemos hacer. Y solamente a través de una relación con él podremos cumplir nuestra misión.

Asimismo, sólo a través de Él viviremos eternamente.

Este punto es muy obvio, y por eso a veces no es tan comentado. Es muy sencillo, nuestra relación con Dios por medio de Jesucristo nos permite vivir eternamente. Si no fuera por Él, no tendríamos la promesa de la vida eterna.

Sé un campeón

¿Paseando o viajando en la vida?

Cuando una persona va a viajar, necesita tener ciertas cosas para poder tener un buen viaje. El viajero forzosamente necesita **un destino**, y además de un destino, **un plan** bien elaborado para llegar a ese destino. Esa es la única manera de viajar, cualquier otra cosa es un paseo. Sin un destino, uno no está viajando, solamente está paseando, sin un plan tampoco está viajando… sigue paseando. Los campeones viajan, otros sólo pasean. Los campeones saben lo que quieren lograr en la vida y van tras ello con todas sus fuerzas, otros sólo esperan que algo bueno les pase y que algún día logren llegar a algún lado.

Un día de paseo

Años atrás, durante el tiempo que estuve viviendo en un pueblo en el estado de Hidalgo, México, trabajando en la sierra, un amigo mío que se llama Samuel, me pidió que fuera con él en un viaje a la sierra para visitar a una iglesia que su padre había fundado muchos años antes. Lo que no me comentó fue que teníamos que caminar varias horas una vez que llegáramos hasta donde el carro podía entrar, y que además caminaríamos por las montañas, cosa que no era ningún problema para mí porque en aquél entonces yo lo hacía con mucha frecuencia, pero el problema fue que no iba preparado, porque no me avisó.

Yo llevé conmigo un amigo que se llama Salomón. Después de manejar durante dos horas para llegar a la ciudad donde vivía Samuel, lo recogimos y proseguimos otras tres horas por carretera hasta un lugar donde Samuel me dijo, "Aquí está el camino, vamos a entrar aquí". Yo lo vi y era un camino de tierra y además estaba chispeando y había neblina. Seguimos manejando otra hora y media y de repente Samuel volteó a verme para confesar que ya estábamos perdidos, pero me dijo que no me alarmara porque sabía que estábamos cerca. Milagrosamente, en medio de la nada, había un pequeño edifico que decía "Clínica Médica" y Samuel me dijo: "ah, allí nos pueden decir". Después de esperar cinco minutos mientras él se metió a preguntar cómo llegar a esa iglesia metida en la sierra, Samuel salió de la clínica con una sonrisa en su cara y con dos niños corriendo detrás de él. Se metieron en el carro y me dijo que ellos nos iban a guiar a nuestro destino.

A CAMINAR

Después de manejar otra media hora por una brecha que parecía que no iba a ningún lado, de repente el niño de 9 años, y su hermana de 6 se emocionaron y gritaron… "¡párense, aquí está!", yo miré y… no había NADA. Era puro monte. Según las instrucciones de nuestros guías (los niños) si caminábamos 50 minutos por una brechita que iba hacia abajo por el monte, llegaríamos a nuestro destino. "Bueno" dijo Samuel, "no hay otra". Nos salimos del carro y bajamos todo el equipo que llevábamos, una planta de luz, un proyector, una mesa para el proyector, gasolina, una pantalla, etc… nos repartimos lo que podíamos cargar del equipo, y comenzamos a caminar.

En aquel entonces Salomón, mi amigo, estaba muy pesado y ya llevábamos un rato haciendo esfuerzo. Habíamos caminado